こども誰でも通園制度にどう対応するか

中山 徹・大阪保育研究所 編

自治体研究社

はしがき

２０２６年4月から新たな制度である「こども誰でも通園制度」が全ての市町村で始まります。詳細は1章で説明しますが、利用者は0歳6か月から3歳未満で、保育所等を使っていない子どもです。国主導で制度がつくられ、実施主体である市町村の意見はほとんど聞かずに、全国一斉にスタートすることになりました。それに向けて市町村は２０２５年度中に、基準を決め、条例を制定し、ニーズ調査を行いながら、事業者を募り、認可し、実施体制を整え、並行して市民には新たな制度を周知し、希望者を受け付け、認定する必要があります。

事業者からは、この事業で採算が取れるのか、新たな保育士を確保できるのか、そもそも一時預かり事業との関係はどう考えればいいのかなど、様々な質問が出されています。ただ、２０２５年度を乗り切ればいいというのではなく、２０２６年度以降は実際に制度が動くため、２０２５年度以上に様々な問題点が出てくると思います。

そのような状況を受け、大阪保育研究所は研究所内に研究会を設け、こども誰でも通園制度を検討しつつ、市町村、事業者はどのような視点で臨むべきかを考えることにしました。その成果をまとめたのが本書です。

こども誰でも通園制度は、国が示した基準・利用方法などでは適切な保育の提供が困難、財政措置が不十分、通常保育などに支障が出る危険性がある、公的責任の後退が危惧される、新たな国民負担が発生するなど、大きな問題を抱えており、適切な制度ではないと考えています。

一方、保育所等を利用していない0歳～2歳児を育てている家庭で育児不安などが高まっている状況は理解していますし、それを放置したままでいいとも思いません。3章で詳しく説明しますが、そのような子どもが本来利用できる一時預かり事業が存在しています。しかし保育所が不足しているため、就労している方が一時預かりを利用することから、多くの市町村はそのような利用を優先させています。一時預かりは待機児童解消の役割を担わされているため、お母さん等が就労していない家庭が利用しにくい状況です。就労している方は通常保育を利用できるように保育所の整備を進め、一時預かり事業は本来の趣旨に沿った利用にすべきです。

また、一時預かり事業は十分な予算措置がされていないため、事業者がその必要性を理解していても、定員の拡大などを進めることが困難です。一時預かり事業でも適切な保育を提供できるような予算措置を行い、定員の拡充を進めるべきです。

3章で詳しく述べるような一時預かり事業の改善・拡充を進めれば、0歳～2歳児で保育所等を利用していない子どもを預かることができ、家庭の育児不安の解消にも寄与できます。しかも一時預かり事業はすでに実施している事業であり、条例を制定したり、新たなシステムを整備する必要はありません。一時預かり事業を実施している事業者も多く、事業の改善が進めば、不安や戸惑いなく事業を拡充できます。わざわざこども誰でも通園制度をつくる必要はありません。新たな制度を作る前に、既存の制度・事業の改善・拡充で対応できないかを考えるべきです。

政府は、一時預かり事業は保護者の必要性に対応する事業であるのに対し、こども誰でも通園制度は「保護者とともにこどもの育ちを支えていくための制度」[1]だと説明しています。しかし、一時預かり事業に取り組んでいる保育所は、保護者のことだけを考えて子どもを預かっているのではなく、子どもの育ちを真剣に考えています。政府はこども誰でも通園制度の意義を説明していますが、それは一時預かり事業の意義でもあります。

こども誰でも通園制度は政府の暴走のような形で進んでいますが、本来は一時預かり事業の改善・拡充を図るべきだったと考えています。研究会としてはこども誰でも通園制度には反対ですが、２０２６年4月からすべての市町村で実施するスケジュールで動いているため、市町村や事業者が具体的にどのように対応するかも考える必要があると判断しました。こども誰でも通園制度の試行的事業はすでに取り組まれています。具体的にどのように取り組んでいるかを2章にまとめました。また、市町村や事業者がこども誰でも通園制度の本格実施に向けどのように取り組むべきかを4章にまとめました。

本書が、市町村担当課、市町村議会議員、保育所等の事業者、保育士等、こども誰でも通園制度に係る方々の関心に応えることができれば幸いです。

注

1　「こども誰でも通園制度の実施に関する手引（素案）」こども誰でも通園制度の制度化、本格実施に向けた

検討会（第4回）提出資料、２０２４年12月

「こども誰でも通園制度にどう対応するか」目次

第1章　こども誰でも通園制度のしくみ

1　こども誰でも通園制度の概要

1−1　導入された経緯

日本が直面する最大の課題である少子化対策を解消するための政策として、２０２３年12月22日「こども未来戦略―次元の異なる少子化対策の実現に向けて」が閣議決定されました。

このこども未来戦略において、「こども誰でも通園制度（仮称）」の創設がうたわれ、「０〜２歳児の約6割を占める未就園児を含め、子育て家庭の多くが「孤立した育児」の中で不安や悩みを抱えており、支援の強化を求める意見がある。全てのこどもの育ちを応援し、こどもの良質な成育環境を整備するとともに、全ての子育て家庭に対して、多様な働き方やライフスタイルにかかわらない形での支援を強化するため、現行の幼児教育・保育給付に加え、月一定時間までの利用可能枠の中で、就労要件を問わず時間単位等で柔軟に利用できる新たな通園給付を創設する（同19ページ）」と説明されています。

これを受けて、2024年6月通常国会において、子ども・子育て支援法、児童福祉法の一部を改正する法律が成立し、2026年4月1日からこども誰でも通園制度が全国で、開始されることになりました。

なお、この時、こども誰でも通園制度を含む少子化対策のための特定財源として、「子ども・子育て支援金」制度が創設されることになり、現役世代及び事業主、高齢者から、医療保険料などとあわせて支援納付金が徴収されるなど負担が求められることになりました。

1－2　試行的事業について

2026年4月1日からのこども誰でも通園制度の本格実施を踏まえ、2024年4月1日から、一部の自治体で試行的事業が実施されるようになりました。

ただし、試行的事業は市町村（東京都23区など特別区も含む、以下同じ）が事業の実施主体であるのに対して、2026年4月1日から実施されるこども誰でも通園制度は給付事業であるという違いがあります。試行的事業については、第2章で触れます。

2　こども誰でも通園制度の法的位置づけ

2－1　こども誰でも通園制度の特色とされているもの

こども誰でも通園制度は、保育所や認定こども園等に通っていない満3歳未満のこどもについて、預ける理由を問わず、月10時間を上限として、保育所や認定こども園、幼稚園等へ時間単位等で子どもを預けることができること、全国一律に実施され、居住する市町村以外での広域利用も予定されていることに制度の特色があるとされています。こども誰でも通園制度は、２０２５年４月１日以降、「児童福祉法（昭和22年法律第１６４号）」において、「乳児等通園支援事業」として位置付けられます。子ども・子育て支援法上は、２０２５年度は、地域子ども・子育て支援事業の一つとして市町村の実施する事業として運営され、２０２６年４月１日施行以降は、「乳児等のための支援給付」として全国で実施される「給付制度」となります。

第１章では、２０２６年度から実施される、給付事業としてのこども誰でも通園制度について説明します。

２－２　こども誰でも通園制度の事業の名称

２０２５年４月１日施行の児童福祉法（以下、児童福祉法といいます）では、こども誰でも通園制度は乳児等通園支援事業と定義されています。

「乳児等通園支援事業とは、①内閣府令で定める施設において、②乳児又は幼児であって満３歳未満のもの（保育所に入所しているものその他の内閣府令で定めるものを除く）に、③適切な遊び及び生活の場を与えるとともに、当該乳児又は幼児及びその保護者の心身の状況及び養育環境を把握するための当該保護者との面談並びに当該保護者に対する子育てについての情報の提供、助言その他の援助を行う事業をいう」（児童福祉法第6条の3第23項）と定義されています（①〜③については筆者）。

また、同様に、2026年4月1日に施行される子ども・子育て支援法（以下、「支援法」といいます）では「乳児等通園支援」という名称で、児童福祉法に準拠したうえで同様の定義がされています（支援法第7条11項）。

2-3 こども誰でも通園制度の法的位置づけ

支援法における位置づけ

こども誰でも通園制度は、支援法「第二章 子ども・子育て支援給付」に定める支援給付のなかで、児童手当（第二節 子どものための現金給付）や、施設型給付費・地域型保育給付費（第四節 子どものための教育・保育給付）、施設等利用給付（第五節 子育てのための施設等利用給付、幼稚園や認可外施設を利用する児童に対する給付）などとともに、「乳児等のための支援給付（第六節）」として位置づけられています。

そして、「乳児等のための支援給付」の具体的名称は、「乳児等支援給付費」及び「特例乳児等支援給付費」（支援法第30条の12）と定められています。

なお、特例乳児等支援給付費とは、後記4-1の申請後、認定資格が得られる前にやむをえずこども誰でも通園制度を利用した場合に支給される給付を指します（支援法第30条の21）ので、通常多くの場合支給されるのは乳児等支援給付費です。

こども誰でも通園制度が給付事業である意味

こども誰でも通園制度は、保護者が市町村から国の定める乳児等支援給付費を受け取るという給付事業です。これは、利用者である保護者は、こども誰でも通園制度を利用するにあたり、事業者と直接契約をし、利用料について給付を受ける立場にあるということです。

契約関係は、保護者と事業者の間にのみ存在し、市町村は給付を支払うという立場になるため、実際の事業に対する責任は事業者に追及することになり、市町村の責任はかなり後退したものになります。

こうした市町村の責任がかなり後退した状況において、後述のとおり様々な事業者が参入するなか、保護者は、幼いわが子を通常の在園児と比べ預かり慣れているとはいえない事業者に預けるのですから、事業者の選択に慎重にならざるを得ません。また、事業者も、在園児と異なり日頃預かり慣れていない幼い子どもを預かるという困難な業務を担わされることになります。

このような状況において、子どもの安全性をどのように確保するかが、こども誰でも通園制度の抱える大きな課題であるといえます。

法律のほか参照すべきもの

支援法及び児童福祉法において示されているのは、こども誰でも通園制度の大枠であり、後記に述べる認定手続や条例で定めるべき基準の内容、給付の金額や支給方法も含め詳細は、内閣府令において定めるとされています。

また、２０２６年4月1日の実施前には、こども家庭庁より「こども誰でも通園制度の実施にあたっての手引」が公表される予定です。手引き自体に、法的拘束力はありませんが、こども誰でも通園制度の実施にあたって留意すべき事項がまとめられ、現場の運用において広く参考とされることが予想されます。

市町村の定める条例

市町村は、「乳児等通園支援事業の設備及び運営について、条例で基準を定めなければならない」とされ、「その基準は、児童の身体的、精神的及び社会的な発達のために必要な保育の水準を確保するものでなければならない」とされています（**児童福祉法第34条の16第1項**）。

また、「従事する者及びその員数（**同条第2項1号**）」及び「運営に関する事項であって、児童の適切な処遇及び安全の確保並びに秘密の保持並びに児童の健全な発達に密接に関連するものとして内閣府令で定めるもの（**同項第2号**）」については、内閣府令に定める基準に従い条例を定めなければなりません（いわゆる「従うべき基準」）。これは、事業に従事する職員（保育士資格の要否など）及び人員配置、内閣府令で定める運営に関する事項については、内閣府令を下回る条例を定めることはできないということです。

一方で、右記以外の「その他の事項」については内閣府令で定める基準を参酌《さんしゃく》するものとするとされています（**同条第2項**、いわゆる「参酌基準」）。これは、必ずしも内閣府令が最低基準となるわけではなく、内閣府令に定める基準を参酌すれば、地域の実情に応じて異なる内容を定めることが許容されるというものです。

以上のことから、各市町村の定める条例には、内閣府令による上記の制約はあるものの、内閣府令を上回る基準を制定することが可能であり、自治体の裁量がある程度認められることになります。

その結果、例えば、自治体の予算において、内閣府令を上回る人員配置を条例で定めることや、事業者に対する独自の助成事業、事業者に求める安全基準をより厳格なものにしたりするなど、条例において定めたうえで、独自の事業を行うことができます。

このように、こども誰でも通園制度が全国一律に実施されるといっても、市町村間で提供される制度にはある程度の差がでることが予想されます。

3　事業の概要

3－1　対象となる施設

こども誰でも通園制度において、実際に、子どもを預かる施設として、保育所、認定こども園、小規模保育事業所、家庭的保育事業所、幼稚園、子育て支援センターなどの地域子育て支援拠点、企業主導型保育事業所、認可外保育施設、児童発達支援センターなどが想定されています。支援法、児童福祉法において、具体的に対象となる施設について限定はありませんが、内閣府令や各市町村の条例の基準を満たす必要があります。

3-2 対象となる子ども

0歳から2歳児の未就園児を中心とする子育て家庭に対する支援強化という制度趣旨から、こども誰でも通園制度の利用対象は、満3歳未満で、保育所、認定こども園、小規模保育事業所、家庭的保育事業所、企業主導型保育事業所、居宅訪問型保育事業、事業所内保育事業を利用していない子どもが利用の対象になります（**支援法第30条の14、児童福祉法第6条の3第23項**）。

これらの法律においては、上限は満3歳未満であると定められていますが、下限は定められていないため、生後何か月から預けることができるかは内閣府令で定められることになります。

3-3 事業内容

こども誰でも通園制度においては、①子どもに適切な遊びと生活の場を与えるということ、②保護者と面談して子どもと保護者の心身の状況や養育環境を把握すること、③保護者に対して、子育てについての情報、助言その他の援助を行うことが予定されています。

つまり、子どもに遊びと生活の場を与えるということだけではなく、保護者に対する情報提供や助言などの相談業務が、事業の重要な柱として位置づけられているということです。

4　事業の手続き

4－1　申請手続き

乳児等支援給付認定

こども誰でも通園制度を利用するにあたり、まず、保護者は居住する市町村に対して、乳児等支援給付を受ける資格を有することについて、認定申請し、認定を受けます。保護者が居住地を有しない場合や居住地が不明の場合は保護者の現在地の市町村に申請を行うことになります（**支援法第30条の15**）。障害児や医療的ケア児の場合、申請時に診断書等必要な書類を提出し、この点についても、あわせて市町村の判断を求めることになるようです。

認定の効力及び取消

市町村が右記の資格を認定すれば、市町村は、保護者に対して「乳児等支援給付認定証」を交付します（**支援法第30条の15第３項**）。そして、保護者はこども誰でも通園制度を利用する際、内閣府令の定めるところにより、認定証を事業者に対して提示をする（ただし、緊急時等は除く）とされています（**支援法第30条の20第２項**）。

保護者は認定証に記載された事項に変更があった場合は、市町村に届け出なければなりません（**支援法第30条の17**）。認定の有効期間は子どもが満３歳に達する日の前日までですが、途中で保育所や認定こども園等に入所した場合など未就園児でなくなった場合や、市町村外に転出した場合など一定の事由がある場合、市町村は認定を取り消すことができるとされています（支援法第30条の18）。

4－2　給付の具体的な算定方法、支払方法
乳児等支援給付費の支給

保護者が、こども誰でも通園制度を利用した場合、①市町村から支給される乳児等支援給付費②保護者自身の自己負担額が事業者に支払われることになります。

(1)　乳児等支援給付費の算定方法

乳児等支援給付費の額の算定方法は、「一月につき、特定乳児等通園支援を行う事業所の所在する地域等を勘案して算定される一時間当たりの特定乳児等通園支援に通常要する費用の額を勘案して内閣総理大臣が定める基準により算定した費用の額」×「当該月に…特定乳児等通園支援を利用した時間」（支援法第30条の20第3項）とされています。

つまり、「1時間あたりの単価×利用時間」という方法で給付費が算定されることになります。この「1時間あたりの単価」ですが、詳しくは内閣府令で定められることになります。

２０２４年度の試行的事業の補助単価が1時間当たり８５０円（障害児加算４００円、要支援家庭のこども加算４００円、医療的ケア児加算２４００円）であったため、このような単価では極めて不十分で安定的な運営が見込めないと各方面から指摘がありました。そのため、２０２５年度か

らは、「こどもの年齢ごとに関わり方に特徴や留意点があることを踏まえ、利用する子どもの年齢に応じて1時間当たりの補助単価を設定するべき」[1]とされ、２０２５年度から0歳児１３００円、1歳児１１００円、２歳児９００円（他は２０２４年度と同じ）になりました。

また、「令和8年度からの給付化に伴い、こども誰でも通園制度の1時間当たりの費用について、公定価格として設定する必要があり、その在り方について検討する必要がある。また、地域区分や加算、利用料等の在り方についても併せて検討する必要がある」と述べられ、地域によって公定価格を変えることが検討されています。また、「なお、公定価格の設定に当たっては、必要な人材を確保し、しっかりと運営できるものとなるよう設定する必要がある」と記載されています[2]。２０２６年度から設定される公定価格が、安定的な運営を可能とするものであるかしっかりと注視する必要があります。

(2)　利用可能時間

(1)のとおり、給付は利用時間に基づいて支払われますが、「当該月に乳児等支援給付認定子どもについて特定乳児等通園支援を利用した時間（当該時間が10時間以上であって乳児等通園支援の体制の整備の状況その他の事情を勘案して内閣府令で定める時間を超えるときは、当該内閣府令で定める時間）（**支援法第30条の20第3項**）」とあるとおり、その利用時間が10時間を超える場合は、内閣府令で定める時間となります。

つまり、現状支援法で定まっている利用可能な時間は10時間となります。ただし、「**支援法等**

の一部を改正する法律（令和6年法律第47号）附則第6条の規定により、2026年度及び2027年度においては、第30条の20第3項の「十時間」は「三時間」と読み替えて適用することとされており、2026年度、2027年度については、地域の人材確保の状況や準備状況によって、利用時間が10時間よりも大幅に少ない時間で設定される市町村が出てくることも予想されます。

(3) 給付構造の問題点

このように、支援法上、給付費は子どもを預かる時間に比例してのみ支払われることになっています。保護者や子どもとの事前面談や、保護者からの相談に応じる場合も保育士や職員が保護者と丁寧に時間をかけて接する必要がありますが、これについて給付が得られる制度にはなっていません。また、常に予約の枠が埋まるとは限らない状況で、施設費や人件費などの基礎的な給付もなく、安定的な運営を確保することが極めて難しいのではないでしょうか。この点が事業者の安全かつ安定的な運営に支障をきたす懸念です。

(4) 給付方法

市町村は、こども誰でも通園制度を利用した保護者に対して、乳児等支援給付費を支払うとしていますが、市町村は、保護者が受け取るべき給付費の限度で、保護者に代わって事業者に直接支払うことができます（いわゆる「代理受領」）。多くの場合、乳児等支援給付費は、認定こども園における施設等利用給付費などと同様、市町村から事業者に直接支払われることが想定されます（支援法第30条の20第1項、第5項、第6項）。

なお、給付費が支給されるのは、保護者が特定乳児等支援事業者の行う乳児等通園支援を利用した場合に限られます。特定乳児等通園支援事業者とは、市町村長が乳児等支援給付費の支給に係る事業を行う者であることを確認した事業者（**支援法第54条の2**、５－３を参照）を指しますので、事業者は給付を受け取るために、上記の確認を受ける必要があります。

保護者の自己負担額について

こども誰でも通園制度を利用するにあたり、乳児等支援給付費とは別に、保護者が事業者に、一定の自己負担額を支払うことになります。例えば、試行的事業においては、保護者から1時間あたり３００円程度を標準に徴収をしていました。保護者の自己負担金についての定めは、支援法上にはありません。今後、内閣府令及び市町村の条例などで、保護者からの徴収額や徴収方法が定まると考えられます。

また、食事代や教材費など実費を各事業者において徴収することも考えられます。

5　事業者

5－1　事業者に必要な手続き及び規制

事業者に対する規制

児童福祉法によりこども誰でも通園制度は、「乳児等通園支援事業（**児童福祉法第6条の3第23項**）」と位置付けられ、家庭的保育事業等と同じく、市町村長の認可事業とされました。児童福祉

図1−1　こども誰でも通園制度実施までの流れ

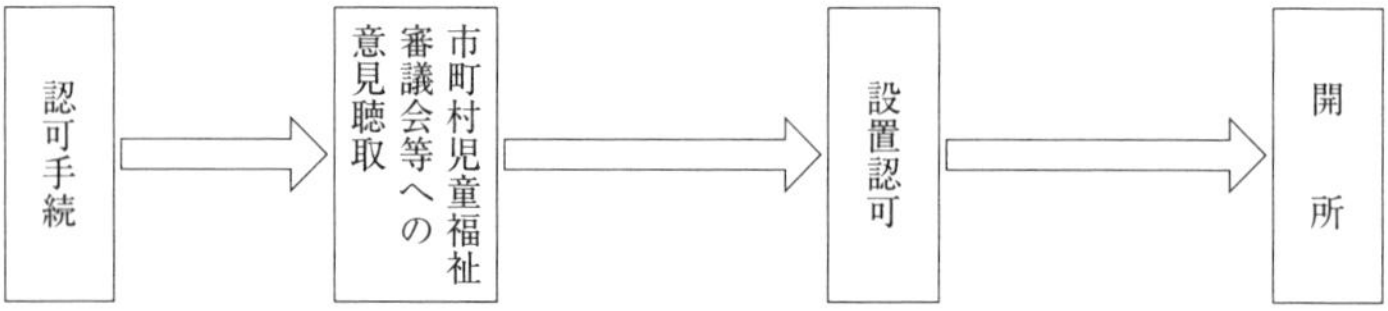

（出所：「こども誰でも通園制度の実施に関する手引」（素案）7ページ、こども誰でも通園制度の制度化、本格実施に向けた検討会（第4回）提出資料、2024年12月）

法第34条の15から同法第34条の17までにおいて、以下に述べる通り、乳児等通園支援事業についても、家庭的保育事業等と共通する規制が用いられています。

実施主体

乳児等通園支援事業の実施主体は、①市町村、②国・都道府県・市町村以外のもの、民間事業者のことです（児童福祉法第34条の15第1項、2項）。民間事業者の場合は、内閣府令の定めるところにより市町村長の認可を得て行うことができます（市町村が運営する認定こども園、保育所で乳児等通園支援事業を実施する場合、認可は不要です）（児童福祉法第34条の15第2項）。

認可

市町村長は、内閣府令の定めるところにより認可基準の設定をしなければなりません。ただし、条例を定める際、内閣府令より安全基準を厳格にすることもできます（2−3を参照）。

市町村長は、事業者に対して認可権限を持っており、乳児等通園支援事業者からの認可申請に対して条例で定める基準に適合するかどうかを審査し、適合している場合は認可します（児童福祉法第34条の15）。

なお、こども家庭庁によれば、「認可にあたっては、事業を行うために必要な経済的基礎の有無や、事業を行う者の社会的信望、設備運営基準への適合状況について審査を行い、市町村児童福祉審議会又は児童の保護者その他児童福祉当事者の意見を聴取することになる」とされています（3）（児童福祉法第34条の15第3項）。

事業者としては、社会福祉法人・学校法人・株式会社・NPO法人などが想定されていますが、こども家庭庁によれば、「認可申請者が社会福祉法人又は学校法人の場合には、審査項目が簡素化される」とのことです（3）。

また、「認可外保育施設においても、当該認可基準を満たしている場合には、実施を可能とすることを考えている」「指導監督等を行ってもなお、認可外保育施設指導監督基準を満たさないような認可外保育施設は、こどもの安全の確保の観点から適切ではないと考えており、ご指摘のような施設については、対象外とする」ようです（4）。

5－2　事業者に対する監査

児童福祉法上の監査

市町村長は、条例で定めた基準を維持するため、乳児等通園支援事業を行う者に対して、必要と認める事項の報告、市町村職員による関係者に対する質問、事業を行う場所への立ち入り、設備、帳簿書類その他の物件を検査させることができます（児童福祉法第34条の17第1項）。

市町村長による児童福祉法上の勧告・改善命令・事業の制限又は停止命令

市町村長は、乳児等通園支援事業が条例に定める基準に適合しないと認められるに至ったときは、事業者に対し、基準に適合するために必要な措置を採るように勧告することができます。事業者がその勧告に従わず、かつ、事業を継続させることが児童福祉に有害であると認められるときは、必要な改善命令を出すことができます（**児童福祉法第34条の17第3項**）。

さらに、市町村長は、改善命令を経てもなお、乳児等通園支援事業を継続させることが児童福祉に著しく有害であると認められるときは、事業者に対し、乳児等通園支援事業の制限又は停止を命ずることができます（**同条第4項**）。

5-3 子ども・子育て支援法上の規制

「特定乳児等通園支援事業者」の確認と利用定員

事業者は、乳児等支援給付費の支給に係る事業を行う者である旨の市町村長の確認を受けることができます（**支援法第54条の2**）。これを「特定乳児等通園支援事業者」といいます。乳児等支援給付費は、特定乳児等通園支援事業者の行う乳児等通園支援に対して給付されますので（**児童福祉法第30条の20**）、子ども誰でも通園制度を実施する事業者は、特定乳児等通園支援事業者であることの確認を受けなければなりません。

この確認は、内閣府令で定めるところにより、事業者の申請により、乳児等通園支援事業所ごとに、利用定員を定めて、市町村長が行います。このようにして、特定乳児等通園支援事業者の確認を受ける際に各事業所の利用定員も定まることになります。

市町村長は、利用定員を定めるに際しては、支援法第72条第1項の審議会その他の合議制の機関や、上記の機関が設置していない場合にあっては子どもの保護者その他子ども・子育て支援に係る当事者の意見を聴かなければならないとされています（**支援法第54条の2第3項**）。

5-4　支援法上の事業者に対する規制

特定地域型保育者に対する規制の準用

特定乳児等通園支援事業者についても、特定地域型保育者（小規模保育事業、家庭的保育事業、事業所内保育事業、居宅訪問型保育事業）に対する支援法第44条から第55条までの規制が準用されることになります（**支援法第54条の3**）。

報告・聴取及び立入検査

市町村長は、必要な場合、事業者に対して、報告や帳簿書類等の提出や提示を命じ、事業者やその職員等に出頭を求め、市町村の職員に、関係者に対して質問させ、事業所や事業に関係のある場所に立ち入り、設備や帳簿書類等を検査させることができるとされています（**支援法第50条**）。

勧告、公表、命令

市町村長は、事業者が、市町村の定める認可基準に適合しない運営、条例で定める運営に関する基準を遵守していない場合などは、事業者に対し、期限を定めて、基準を遵守するように勧告することができます（支援法第51条第1項）。

さらに、市町村長は、事業者が右記の勧告に期限内に従わなかった場合、その旨を公表することができ（同2項）、基準を遵守するなど勧告に係わる措置をとるよう命令することができ（同第3項）、この命令は公示されます（同4項）。

特定乳児等通園支援事業者の確認の取消し

事業者が、条例に定めた認可基準や運営基準に従った運営ができなくなった場合（支援法第52条第1項2号、3号）、給付費の不正請求を行った場合（同4号）、第50条の検査や報告を拒んだ場合や出頭拒否や虚偽答弁を行った場合（同5号、6号）、事業者が保育に関し不正又は著しく不当な行為を行った場合（同9号）などにおいては、市町村長は、特定乳児等通園支援事業者の確認を取消し、又は、期間を定めて確認の全部または一部を取り消すことができるとされています。

保護者との関係における規制

事業者は、保護者から利用の申込みを受けたときは、正当な理由がなければ、これを拒んではならないとされています（支援法第45条）。定員がすでに埋まっている、申し込まれた日程の人員体制に余裕がないなど正当な理由があれば、利用を断ることは問題ありません。

6　こども誰でも通園制度の具体的な中身と利用方法

6－1　月ごとの利用時間の上限と利用方法（自由利用と定期利用）

こども誰でも通園制度において、月ごとの給付を受けられる時間は上限で10時間と定められています。市町村によっては、独自に予算をつけ上限を超えた利用が認められる場合があるかもしれませんが、在園児に比べてはるかに少ない限られた時間の範囲で、0歳から3歳未満の子どもに楽しく落ち着いて過ごしてもらうために、どのように利用をするかは大きな課題になると考えられます。

まず、法令上、定義づけられたわけではありませんが、具体的な利用方法として、定期利用と自由利用の2つがあります。定期利用は、固定した事業所と、例えば毎週月曜日の午前10時から12時と決めて利用をする方法です。自由利用は、1か月10時間の範囲で、ある日はAという事業所に午前10時から15時まで預け、別の日はBという事業所に午前10時から12時まで預け、また別の日にはCという事業所に13時から16時まで預けるなど、月10時間の範囲内で利用する方法です。保護者は、どちらかを選択しなければならないわけではなく、自由利用と定期利用を組み合わせて利用するということも考えられます。

各事業所においても、次ページの利用方式のメリットデメリットを前提に、受入体制や経営の安定も踏まえ、実際は、自由利用、定期利用をどのように利用できるかを判断していくことにな

表1-1　こども誰でも通園制度の利用方法

	定期利用	自由利用
考え方	利用する園、月、曜日や時間を固定し、定期的に利用する方法	利用する園、月、曜日や時間を固定せず、柔軟に利用する方法
利用する場合の予約方法	(例) ・利用開始前に空いている定期利用枠の確認を行い、一定期間内の利用枠を予約	(例) ・利用前月の一定期日より翌月分の予約 ・空いていれば、利用希望の直前まで予約
特　徴	・事業者にとっては利用の見通しが立てやすく、職員のシフトが組みやすい。保護者との関係も作りやすい ・こどもにとっては、慣れた職員と継続的な関わりを持つことができ、育ちをフォローしてもらえる	・こどもの状況や保護者のニーズに合わせて柔軟に利用可能 ・様々な事業所を利用することで、多くの保育士、多くのこどもと触れ合うことができる
留意点	・特定の事業者を利用できるこどもが固定化され、途中利用しづらい ・施設にとって、空き状況に応じた柔軟な受入れが困難	・利用の都度予約する手間がかかる ・施設にとっては、利用の見通しが立たず、受入体制を整えづらい ・慣れるのに時間がかかるこどもがいる

(出所:「安定的な運営の確保」こども誰でも通園制度の制度化、本格実施に向けた検討会（第3回）提出資料、2024年10月より筆者作成)

ると思われます。

ただし、0歳～3歳未満の様々な子どもを不定期に短時間預かるというのは、事前の保護者との面談も子どもごとに行う必要もありますし、子どもを受け入れる準備もその子ごとにしなければなりません。また保護者との信頼関係を築けるのか、子どもが保育者や施設に慣れるのか、同じ日に短時間、様々な子を受け入れるとなると、アレルギーや障害も含めこどもの特性を理解して安全に過ごしてもらえるのかなど様々な課題があります。

4月初めの保育所や認定こども園などからは、新年度に入所した子どもの泣き声が聞こえてきますが、在園児については慣れるにつれそのようなことはなくなります。こども誰でも通園制度において自由利用の柔軟な利用という利点が強調されるのとは裏腹に、こどもが施設と保育者に慣れる間もなく、預かり時間を終えてしまい、また時間が空けば同じ状態が繰り返されるなど、毎日が先程述べた4月初めのような状態が続くのではないかと、懸念されます。

6-2　実施方法と基準

こども誰でも通園制度の実施方法は、一時預かり事業と同様に、「一般型」と「余裕活用型（利用児童が定員に達していない場合に定員の範囲内で子どもを預かる方法）」に分類されています。「一般型」は、「合同実施（子どもを在園児と合同で預かる方法）」、「専用室（専用室を設け、在園児とは独立して実施する方法）」に分けられます。これらの実施方法は内閣府令上も規定され、それぞれの実施方法に応じた人員配置基準や設備の基準が定まることになります。

人員配置基準について、2024年の試行的事業では、①余裕活用型では、保育所や認定こども園など各施設の基準を遵守すること、②一般型では、一時預かり事業に準じた基準（2分の1は保育士）と、どちらも、一時預かり事業と同様の基準で行っていました。2025年4月1日からも同様の基準で行うと取りまとめられています。

設備の基準について、2024年の試行的事業においては、一時預かり事業と同様に、一般型では保育所の設備基準に準じることとし、余裕活用型では保育所、家庭的保育事業等の既存の各施設等ごとの設備基準に従うこととしていますが、２０２５年４月１日からも同様の基準で行うと取りまとめられています。

ほかに、こども誰でも通園制度は、「通園」を基本とする制度ですが、保育所等で過ごすことや、外出することが難しい状態にあるこども（医療的ケア児や障害児を想定）に対応するために、子どもの居宅に保育者を派遣することも認められるとしています。[5]ただし、２０２６年４月１日以降について、現時点で明確な定めはありません。２０２５年度に制度化をすすめるなかで検討することになるため、引き続き注視する必要があります。

7　総合支援システム

7－1　総合支援システムのしくみ

国は、制度の円滑な利用や、コスト、運用の効率化を図るため、①利用者が簡単に予約ができること（予約管理）、②事業者がこどもの情報を把握したり、市町村が利用状況を確認できること（データ管理）、③事業者から市町村への請求を容易にできること（請求書発行）を目的とした総合支援システムを構築するとしています。

市町村においては、資格認定後、保護者にアカウントを発行します。保護者は、このアカウントを用いて、システムに子どもの情報を登録し、事業所の検索を行い、保護者が事前面談や予約

図１－２　こども誰でも通園制度総合支援システム

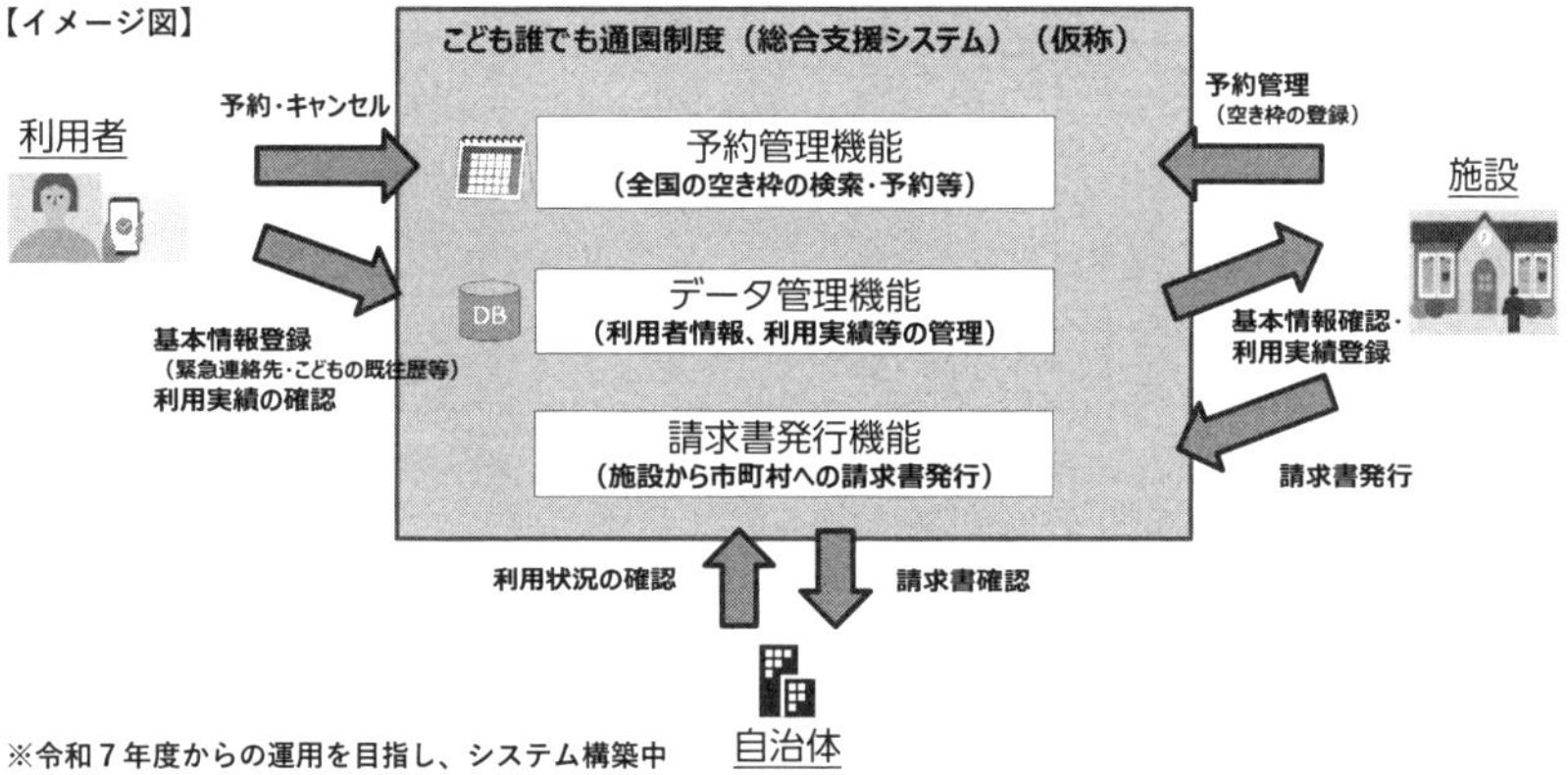

（出所：「総合支援システム」こども誰でも通園制度の制度化、本格実施に向けた検討会（第３回）提出資料、2024年10月）

図１－３　こども誰でも通園制度総合支援システムのイメージ

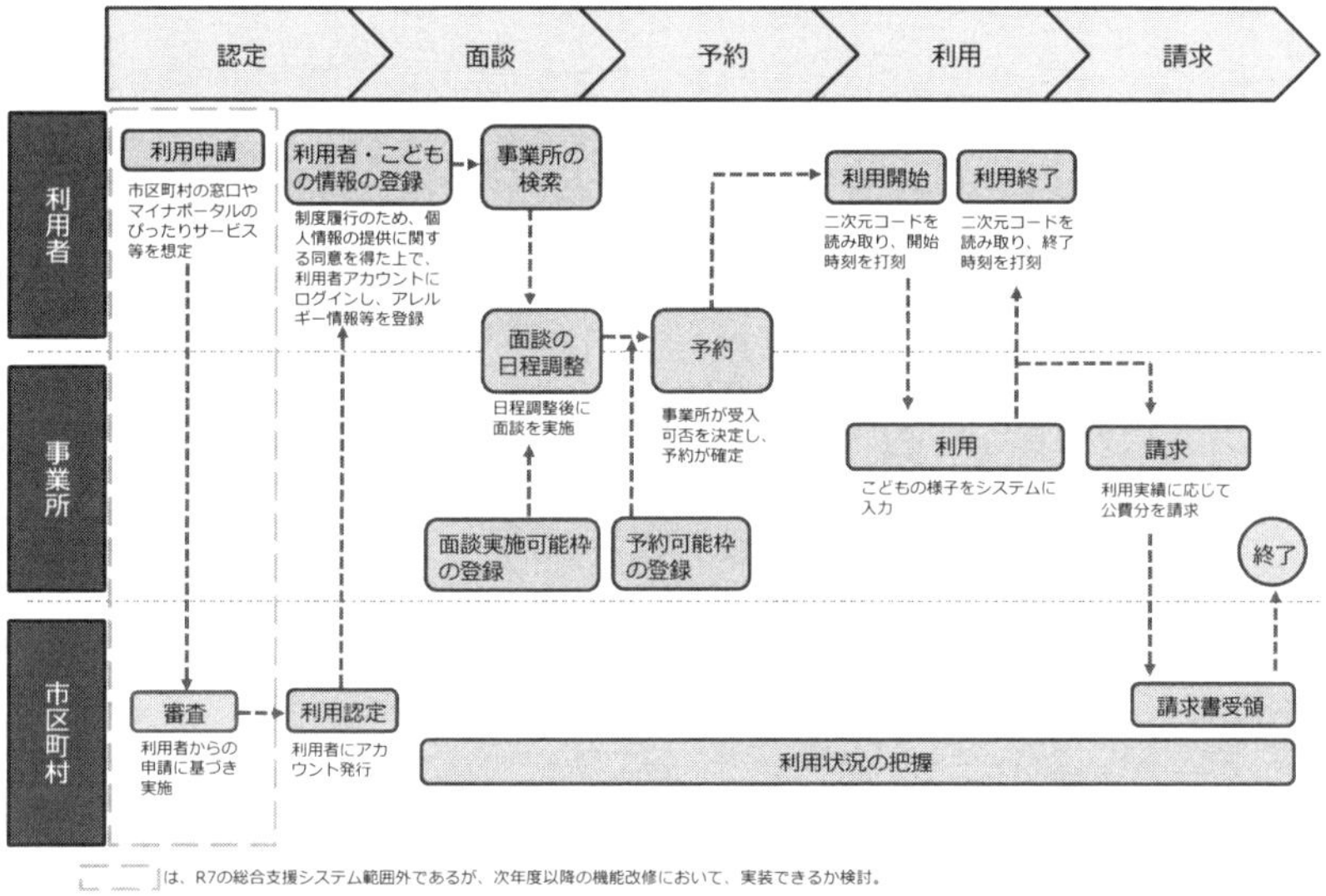

（出所：図１－２に同じ）

申し込みを行い、利用した場合、利用時間の開始と終了について打刻を行うとされています。

事業者においては、面談実施可能枠の登録や、予約の空き枠を設定し、預かる子どもの情報を確認したり、子どもを預かった後、他の事業所も参考となるような簡単な記録をつけ、事業所間で共有することができます。また請求書を市町村に発行することもできるようです。市町村は、利用状況を確認し、事業者からの請求を確認します。このシステムについては、国が保守改修費用を負担しますが、システムを導入するかは、各市町村の判断によるとのことで、居住する市町村においてシステムを利用しない場合は別の方法で予約を行うことになります。

システムを通じてこども誰でも通園制度を利用する場合、保護者も、事業所も事前面談（オンラインも可）を経たのち利用することになっており、こども家庭庁は、事前面談について安全性を担保する重要なファクターとみているようです。ただし、先述のとおり、事業所にとっては、利用した時間のみ給付の対象となり、事前面談をしても何ら給付が得られません。そのため、事業所によっては事前面談がごく簡単なものになり、事前面談による安全性の担保が機能しなくなることが懸念されます。

7-2 予約

子どもを受け入れるに際しては、事業所において、受け入れられる子どもの年齢、人数、障害児の受け入れは可能か、医療的ケア児の受け入れは可能か、アレルギーのある子どもの受け入れは可能か、申し込み期限はいつまでとするか、親子通園は可能とするか、など受け入れ体制に応じて、様々な条件を設定していくことになります。

また、保護者も、多くの事業所のなかから、子どもの年齢や特性を踏まえ、事業所を選択して予約の申し込みをすることになります。ただし、保護者が希望する事業所の利用日の予約枠が空いていることを確認したうえで予約の申し込みを行っても、それで、予約が確定するわけではありません。保護者からの申し込みが事業所に届き、事業所が受入れ可であると決定し、保護者に改めて連絡をすることで、初めて予約が確定をします。例えば、その日は、低年齢児や預かり慣れていない子どもが多いため、本来の定員より少ない人数にしておいた方がよいといった理由で、利用できないということもありえます。

システムを利用するにしても、保護者もクリック一つで終わるわけではないことを理解しなければなりませんし、事業所側もシステム任せにはできないことを念頭に置く必要があります。

７－３　保護者の相談先

いわゆる「利用調整」についての考え方がない

保護者が就労や疾病などを理由に、保育所等の利用を申し込む場合、市町村は、保育所等に入所できるように、調整をします。これは、待機児童の解消は市町村の責任において最大限努力しなければならないという児童福祉法第24条に基づきなされます。しかし、こども誰でも通園制度ではこのような制度は存在していません。

こども誰でも通園制度をどの程度利用するかは基本的には保護者にゆだねられており、保護者と事業者との直接契約であるという考えのもと、保育所等の申込みなどにおける市町村による利用調整はなじまないと考えられたからです。

市町村によるあっせん及び要請

保護者がこども誰でも通園制度を利用しようと、各所に申し込みをしたにもかかわらず断られてしまい、実際利用することができない場合はどうしたらいいのでしょうか。

市町村は、乳児等通園支援事業に関し、①必要な情報を提供し、認定を受けた保護者から求めがあれば、保護者の希望やこどもの養育の状況、保護者に必要な支援の状況等を勘案し、子どもが適切に利用できるよう、②相談に応じ、③必要な助言又は利用についてのあっせんを行うとともに、④必要に応じて事業者に対し、利用の要請を行うとされています（**支援法第54条、同法第54条の3で準用**）。また、事業者も、市町村からのあっせん及び要請に対し、協力しなければならない（**同法第54条2項**）とされています。

つまり、保護者がどこの事業所を利用していいかわからない場合も含め、市町村は保護者の相談にのり、必要な情報を提供し、助言や、事業所の利用についてのあっせんや、場合によっては市町村から事業所に利用について要請してもらうということができるのです。

右記のとおり、市町村は保護者からの相談に対して、システム任せとしてしまうのではなく、実際の制度の利用につながるように対応をしていく責任があります。

８　国・市町村間の関係について

８－１　財政的な負担

市町村は、乳児等支援給付費及び特例乳児等支援給付費（当該費用）の支給に要する費用を支弁します（**支援法第65条第５項の２**）。市町村が支弁した費用について、その８分の１は都道府県の交付金（**同法第67条第３項**）を充て、４分の３は国からの交付金を充てるので、市町村は８分の１を負担することになります（**同法第66条の４第２項**）。国が交付する４分の３については、その４分の１は国が負担し、当該費用の２分の１に相当する額は国が徴収する子ども・子育て支援納付金を原資とします（**同法第68条第４項、同法第71条の３第１項**）。

子ども・子育て支援納付金は、２０２６年度から毎年度、健康保険者等から徴収することになっています。保険料に上乗せして徴収し児童手当や子ども誰でも通園制度の費用に充てる財源確保策です。

国の定める給付以上に、各市町村において、事業者に補助を出す、利用者の負担を軽減するなど独自の助成を条例で定めて行う場合、各市町村が負担をすることになります。

8－2　定員計画と広域利用

子ども子育て支援事業計画へ量の見込み等の記載

従来より、支援法第61条により、5年を1期として、「市町村子ども・子育て支援事業計画」を定めるとされ、そのなかで市町村は、地域的特性等を踏まえ、教育・保育、地域子ども・子育て支援事業の量の見込み並びにそれに対応する提供体制の確保の内容及び実施時期について定めるとされています。

この点について、新たに、支援法第61条第2項第2号「各年度の特定乳児等通園支援事業者に係る必要利用定員総数その他の乳児等通園支援の量の見込み並びに当該市町村が実施しようとする乳児等通園支援の提供体制の確保の内容及びその実施時期」も、「市町村子ども・子育て支援事業計画」に新たに盛り込むとされました。

そのため、市町村は、「市町村子ども・子育て支援事業計画」に子ども誰でも通園制度における必要な量の見込みを記載した上で、提供体制を確保することが求められるようになりました(6)。

各市町村においては、こども誰でも通園制度の実施にあたり、市町村全体のニーズを把握し、さらに、事業者に対して乳児等通園支援事業者の確認をする際には、同時に各事業所の定員を定めることになります。

市町村としては、市町村におけるニーズを満たす定員を確保したいところですが、経営の安定がみこまれないなか、事業者がどこまで応募するか、また応募したとしてもいつ撤退するか不透明といわざるを得ません。

広域利用について

こども誰でも通園制度が２０２６年度から全国で実施されると、市町村を超えての利用も法律上可能となります。この点は、「市町村は居住者以外の需要等についても考慮して整備を進めていく必要があると考えられるところ、広域利用の在り方も含めて、整理が必要である」(7)とされ、計画にあたって市町村の居住者以外の需要も算定する必要がありますが、果たしてそのようなことが可能なのか大いに疑問があります。

特に、人口が密集する都市圏などでは、里帰りなど特別な事情に限らず市町村を超えての利用が広く行われることも考えられますし、市町村の条例によって、こども誰でも通園制度の内容に差が出ることも考えられ、利用者にとって条件がよい市町村に利用が集中するということも考えられます。

市町村を超えて子どもを保育することを可能とするという制度を全国的に実施するのは初めてであり、運用が開始された場合、一体どのような制度となっていくのか、混乱が生じることが懸念されます。

9　こども誰でも通園制度の課題

9－1　こどもの安全性を守れるのか

こども誰でも通園制度の対象となるこどもは、0歳～3歳未満の乳児を含む子どもであり、幼く、かつ在園児と異なり園に慣れていない子どもを短時間預かることは保育のなかでも困難な要素が多いといえます。そのため、試行的事業における報告書からも、経験年数や経験が豊富なベテランの保育士が担当している状況が明らかになっています(8)。

そうなると、特に、経験が十分な保育士などを配置し、注意深く見守ることが必要になりますし、子どもを預かる前に子どもの特性を理解するための事前面談は、丁寧に時間をかけて行う必要があります。

しかし、こども誰でも通園制度においては、多くの事業者に参入してもらうことを想定しており、0歳から3歳までの子どもを預かり慣れている事業者ばかりが参入するとは限りません。例えば、試行的事業に参加しているある幼稚園（通常3歳児からの入園）などは乳幼児の預かりに慣れていないから乳幼児の預かり専門の保育士を新たに雇ったとのことでした。多くの事業者が参入すれば、不十分な体制で行うところもでてくるでしょうから、子どもの安全性を保つことができるか、懸念があります。

９－２　安全性を担保することが難しい経営構造

こども誰でも通園制度を運営する事業者が受け取れる収入は、４－２のとおり、子どもの利用時間に対応した収入のみとなっています。こうした状況においては、事業者が経営を継続するためには、なるべく少ない保育者で、多くの子どもを隙間時間なく受け入れるほかありません。保護者との事前面談は、給付の対象となっておらず、丁寧にやればやるほど人手がとられ経営を圧迫しますので事前面談がおざなりになることも予想されます。このように、とにかく色々な子どもをどんどん受入れるほか、収入を得る手立てがないという構造は、安全性と逆行する致命的な欠陥といえます。事業者は安全な保育のために人件費など持ち出しをするか、あるいは、安全性に目をつぶってとにかく子どもを受け入れるかという選択を迫られることになります。

こども誰でも通園制度が導入された理由の一つである０歳～３歳未満児のいる家庭における孤立した育児を解消するという趣旨は、とても大切なことです。ところが、保護者支援を行ったとしても収入には一切ならないため、多くの事業所で人手を持ち出してやるか、あるいは、不採算であるとして後回しにせざるを得ないのではないでしょうか。

９－３　保育士不足で従来の事業を圧迫するのではという懸念

この間、保育士不足は、極めて深刻な状況にあり、場所はあっても保育士が不足するため従来の定員を預かることができないという事態も珍しくありません。先述のとおり、２０２６年、２

027年度について、2年間の経過措置を設け一部の自治体について、10時間より短い時間での制度の開始を認める方向としていますが、保育士不足の中、新たな事業を開始するにあたり、例えば、一時預かり事業など従来の制度を充実させることで解決できないか検討すべきではないでしょうか。

この点、一時預かり事業との区別をつけるため、「一時預かり事業が「保護者の立場からの必要性」に対応するものであるのに対して、こども誰でも通園制度は、保護者のために「預かる」というサービスなのではなく、家庭にいるだけでは得られない様々な経験を通じて、こどもが成長していくように、こどもの育ちを応援するための制度である」[9]とその制度の意義を強調していますが、このような区分けが適切なのかなどについては後の章に譲りたいと思います。

注

1 「こども誰でも通園制度の制度化、本格実施に向けた検討会における取りまとめ（以下「取りまとめ」という）」10ページ、2024年12月

2 「取りまとめ」12ページ

3 「人員配置・設備基準等」3ページ、こども誰でも通園制度の制度化、本格実施に向けた検討会（第3回）提出資料、2024年10月

4 「第213回国会審議におけるおもな議論の内容について」12ページ、こども誰でも通園制度の制度化、本格実施に向けた検討会（第1回）提出資料、2024年6月

5　「取りまとめ」８、９ページ
6　「取りまとめ」13ページ
7　「取りまとめ」13ページ
8　「検討事項に係るこれまでの議論」４ページ、こども誰でも通園制度の制度化、本格実施に向けた検討会（第２回）提出資料、２０２４年９月
9　「こども誰でも通園制度の実施に関する手引」34ページ、２０２４年12月

第2章　こども誰でも通園制度・試行的事業の現状と課題

1　試行的事業の位置づけと課題

試行的事業の位置づけとスケジュール

第1章で述べたように、「こども未来戦略方針」のなかで「こども誰でも通園制度」の創設が示されました。これを受けて2023年度に「モデル事業」（「保育所の空き定員等を活用した未就園児の定期的な預かりモデル事業」）をスタートさせました（**図2－1**）。モデル事業は補助事業で、31自治体、50事業者が参加しました。このモデル事業は一時預かり事業をベースにしつつ、子どもや保護者の効果検証に重点を置いたものでした。それと並行して、こども家庭庁は「こども誰でも通園制度（仮称）の本格実施を見据えた試行的事業実施の在り方に関する検討会」（以下、検討会という）を2023年9月に設置しました。検討会は12月までに4回実施され、12月には「こども誰でも通園制度（仮称）の本格実施を見据えた試行的事業実施の在り方に関する検討会における中間取りまとめ」を発表しています。

図２−１　こども誰でも通園制度、本格実施に向けたスケジュール

2023年度		2024年度		2025年度		2026年度
モデル事業	⇨	試行的事業	⇨	地域子ども・子育て支援事業	⇨	給付事業
31自治体 50事業者		118自治体 801か所				全自治体

（出所：筆者作成）

この中間とりまとめに基づいて、２０２４年度から試行的事業がスタートしました。試行的事業も補助事業で、１１８自治体が実施予定で、８０１事業所で試行的事業を実施しています（２０２４年11月30日時点）[1]。これと並行して、２０２４年６月に「こども誰でも通園制度の制度化、本格実施に向けた検討会」（以下、第２次検討会という）が設置され、12月までに４回開催されました。そして12月に、「こども誰でも通園制度の制度化、本格実施に向けた検討会における取りまとめ」を発表しています。

試行的事業は１年間です。２０２５年度は、「子ども・子育て支援法」の「子ども・子育て支援事業」の一つとして、法律に基づく事業として実施します。そして２０２６年度から、「子ども・子育て支援法」に基づく新たな給付制度として、全国の自治体で一斉に実施します。

試行的事業の目的と実施状況

試行的事業は、対象となる子ども、利用時間、対象事業者、市町村の認可基準、設備と運営の基準など、こども誰でも通園制度の基本事項を考えるために実施しています。そのため、０歳から２歳の子どもで、保育所などを利用していない子どもを対象としている点は共通ですが、試

行的事業の利用時間などは市町村、事業者の判断で決めています。

先に書いたように、実施予定自治体は１１８か所、開始事業所数は８０１か所で、その実施事業所をみたのが**表２－１**です。一番多いのは認定こども園で３４０か所、42・４％で４割を超えています。二番目は保育所で２６９か所、33・６％で、３分の１を占めています。両者で77％になり、全体の８割近くになっています。

表２－１　実施事業所

	か所数		割合(%)
認定こども園（幼保連携型）	340	(237)	42.4
（幼稚園型）		(51)	
（保育所型）		(50)	
（地方裁量型）		(1)	
（型不明）		(1)	
保育所	269		33.6
小規模保育事業所（A 型）	87	(83)	10.9
（B 型）		(2)	
（C 型）		(1)	
（型不明）		(1)	
幼稚園	64		8
地域子育て支援拠点	17		2.1
認可外保育施設	13		1.6
その他	11		1.4
合　計	801		100

（出所：「試行的事業の実施状況」1）より筆者作成）

事業者の種別を見たのが**表２－２**です。社会福祉法人が一番多く43％、次いで学校法人が23％、行政（公立）が17・９％です。

表２－２　運営主体

	か所数	割合(%)
社会福祉法人	345	43
学校法人	184	23
行政	143	17.9
株式会社	85	10.6
NPO 法人	11	1.4
一般社団法人	11	1.4
個人立	10	1.2
その他	12	1.5
合　計	801	100

（出所：表２－１に同じ）

試行的事業から見た主な課題

(1) 利用時間について

政府は、月10時間を利用時間の上限にしています。しかし、「月10時間では足りない。乳児の基本的生活習慣の獲得を考えたときに、寝る、食べる、排泄をするということを含めて、しっかりと生活できるためには最低4、5時間程度かかるのではないかを踏まえて、利用時間をもう少し延長してほしい」という意見もでています。[2] これに対してこども家庭庁は、月10時間が適当であると変更していません。ただし、自治体が10時間以上を実施することは妨げないとしています。また、2026年の本格実施に向けて、2025年度の事業実施状況や全国的な提供体制確保の進捗状況等を踏まえ、利用可能時間の在り方について検討すると、利用時間の変更に含みを持たせています。研究会で調査した試行的事業の中にも10時間を超えて受け入れているところがありました。試行的事業でも利用時間は様々だと思います。利用時間の違いが保育内容にどのような影響を与えているかを本格実施までに検証すべきです。

(2) 対象施設について

多様な主体の参画を認める観点から対象施設は限定せず、適切な事業を実施できる施設であれば認可するとしています。**表2-1**には認可外保育施設が13か所含まれているように、認可外保育施設もこども誰でも通園制度に参入できます。教育、保育施設等で2023年におこった死亡事故9件のうち3件が認可外保育所です。[3] 子ども・子育て支援等分科会では、「こどもの安心・安全が大前提であるため、生命の維持と情緒の安定を保障する、そういう環境を提供できる施設のみ、この事業をやっていただきたい」という意見も出されています[4]。子どもの安全の確保からも認可外保育施設は対象外とすべきではないでしょうか。認定こども園（地方裁量型）、小規模保育事業（C型）も慎重に対応すべきです。

また、幼稚園、場合によっては認定こども園（幼稚園型）も、日常的に0歳～2歳児を保育していないかもしれません。それらの施設が15％近くになっています。それらの事業所でどのような職員体制で、どのような保育を提供していたかを把握すべきです。

(3) 利用方法について

試行的事業では、定期利用と自由利用のどちらか一方での実施ではなく、定期利用と自由利用の組み合わせなどを選択して実施することになっています。実際、どのような利用方法にしていたかは**表2－3**のようになっています。一番多いのは定期利用と自由利用の併用で38・2％、次いで定期利用が33・5％、そして自由利用が28・3％です。第1章で見たように、政府は定期利用、自由利用のメリット、デメリットを整理していますが、自由利用は子ども、保育者に対する負担が大きいと思います。にもかかわらず、定期利用と自由利用の併用及び自由利用のみの合計が3分の2を占めており、これらの事業所でどのような保育が展開されているのかなどを本

表2－3　利用方法

	か所数	割合（％）
定期利用×自由利用	306	38.2
定期利用	268	33.5
自由利用	227	28.3
合　計	801	100

（出所：表2－1に同じ）

格実施までにきちんと検証しておくべきです。ちなみに、研究会で調査した3か所はすべて定期利用で、事業者も「定期利用がいいのではないか」と言っていました。

(4) 実施方法について

試行的事業では、一時預かり事業における実施方法を踏襲し、一般型(合同実施又は専用室)及び余裕活用型で実施しています。実施状況は**表2-4**の通りで、一番多いのは余裕活用型で43・2%、次いで一般型(合同実施)が31%、一般型(専用室)は25・8%です。余裕活用型、一般型(合同実施)は、在園児と合同で保育を行います。しかも、余裕活用型の場合、新たな保育士の配置はありません。そのため、こども誰でも通園制度が在園児の保育に支障をきたしかねません。特に余裕活用型で、どのような保育が実施されているのかなどを本格実施までに検証しておくべきです。基本的には専用室を確保すべきです。研究会で調査した3か所とも専用室で保育をしていました。原則として専用室を確保し、専用室を新たに確保する必要がある事業者には補助が必要です。

表2-4　実施方法

	か所数	割合(%)
余裕活用型	346	43.2
一般型(合同実施)	248	31
一般型(専用室)	207	25.8
合　計	801	100

(出所:表2-1に同じ)

(5) 職員配置について

試行的事業の職員配置基準は、一時預かり事業と同じで、1事業所につき保育者2名とし、1名は保育士、もう1名は保育資格がなくても研修を受けた人であれば可能になっています。この配置基準について、第2次検討会では「0、1、2歳、そして毎日来る子どもたちではないということ、そこには専門性のある保育士が関わることを基本としていただきたい…（略）…あくまでも有資格者を基本」といった意見が出されました。(5) また、「配置される職員については、0～2歳の発達の特性や見識を有した上で、十分な保育の経験を持つ保育者、補助的な役割を担う方の両方が必要ではないか」という踏み込んだ意見も出されていました。研究会の調査でも「子どもの安全と保育の質の点からベテランの保育士の配置は不可欠」という意見を聞きました。試行的事業での職員配置、配置している職員の経験などは様々だと思います。その違いによる保育内容への影響などを、本格実施までに検証すべきです。試行的事業と同じ職員配置でこども誰でも通園制度が本格的に実施された場合、子どもの安全を確実に守ることができるのかどうか不安を感じます。

表2－5　事前面談の有無、親子通園の可否

		か所数	割合（%）
事前面談	有り	693	86.5
	無し	108	13.5
親子通園	可	661	82.5
	不可	133	16.6
	不明	7	0.9
合　計		801	100

（出所：表2－1に同じ）

(6)　事前面談、親子通園について

こども誰でも通園制度では、事前面談が必須になっています。試行的事業でその事前面談の実施状況を見たのが**表2－5**です。事前面談を行っていない事業所が13・5％あり、この原因を明らかにする必要があります。第1章でも書きましたが、事前面談を行っても、その費用は事業者に保障されません。それが原因になっているのかどうかをきちんと把握すべきです。また、事前面談がどのように行

われているのかを把握し、本格実施までに必要な予算措置を検討すべきです。

試行的事業で親子通園の可否を見たのが**表2－5**です。事業所の判断もしくは保護者の希望で親子通園が行えるようにすべきです。不可という事業所が16・6％ありますが、不可は基本的になくすべきであり、なぜ不可にしているのかを把握すべきです。

表2－6　一時預かり事業実施の有無

	か所数	割合(％)
有り	420	52.4
無し	381	47.6
合計	801	100

（出所：表2－1に同じ）

(7)　一時預かり事業との関係について

一時預かり事業とこども誰でも通園制度は、内容的にかなり類似しています。そのため両者の関係を本格実施までに整理する必要があります。試行的事業を実施した事業所のうち、一時預かり事業を実施していたのが52・4％です（**表2－6**）。これらの事業所で一時預かり事業と試行的事業をどのように実施していたかを把握し、事業者が両者を実施する場合、柔軟に対応できるように制度を整えておく必要があります。

(8)　多様な子どもの受け入れについて

医療的ケア児、障害児、要支援家庭の子どもも、こども誰でも通園制度を利用できます。施設での受入れだけでなく、家庭への訪問も可能です。それらの子どもの受け入れには高い専門性が求められ、他機関との連携も必要です。保育士確保が難しい状況のなかで、それらの子どもに対して、保育経験が豊かな保育士を確保できるのか不透明です。試行的事業でそのような子どもをどの程度受け入れているのか、どのような体制で受け入れているのか、適切な保育が提供されているのか、不十分であれば何が不十分なのかを、きちんと検証する必要があります。そうしなければ、こども誰でも通園制度で、それらの子どもの成長・発達が保障されるのか不明です。

⑼　運営について

試行的事業では、子ども一人1時間あたり850円、そのうち保護者から1時間当たり300円程度徴収するとしています。医療的ケア児は2400円、障害児は400円、要支援家庭の子どもは400円が加算されます。ただしこれについては以下の意見がでています[6]。①1時間850円では、利用者人数で考えると人件費にも満たず、安定した運営のため、利用時間数に係る給付のみではなく、運営に対する基礎分の給付を検討してはどうか。②事業者からは…（略）…1時間850円などの点から、採算面に不安があるなど消極的な声が多く、応募がなかった。③この事業に参加したいけれども、この金額では到底やれないという声を結構聞いている。④医療的ケア児等の受入れに係る加算措置については引き続き実施しつつ、補助単価については必要な人材を確保し、しっかりと運営できるものとなるよう設定すべきである。

多くの人が、運営費のあまりの低さを指摘し、それが応募しない理由になっていることから、費用の大幅な改善を求める痛切な意見が出されています。2025年4月から経費面では若干、改善されていますが、それも含めて、単価設定が妥当かどうかを検証すべきです。

⑽　自治体の責任について

第4章で述べますが、こども誰でも通園制度は事業者と利用者の直接契約であるため、自治体の責任が不明確になりそうです。自治体の試行的事業に関するかかわり方は様々だと思いますが、自治体がどのようにかかわっていたのかを把握し、そのようなかかわりで十分かどうかを検証すべきです。

また本格実施以降、自治体には様々な業務が発生すると思います。2024年度、2025年度の自治体のかかわりを把握し、自治体がこども誰でも通園制度を進める場合、どの程度の財政負担になるかを把握し、本格実施以降は自治体に対して適切な予算措置を行うべきです。

試行的事業を国の責任で総括すべき

試行的事業に参加した事業者、自治体から出された意見を、国の方で把握し、先に述べたような視点で評価すべきです。2025年度は、地域子ども・子育て支援事業として実施されますが、それと並行して、試行的事業の評価を進める委員会を国の責任で設置すべきです。試行的事業の実施形態は、事業者、自治体で様々です。その違いによる保育内容などへの影響を評価し、2026年以降の本格実施に生かさないと、試行的事業を行った意義がなくなります。試行的事業は本格実施の単なる前段階ではありません。政府は様々な場面でPDCAサイクルを強調していますが、その視点を堅持し、試行的事業で表面化した不十分な点は改善すべきです。

注

1　「試行的事業の実施状況」こども誰でも通園制度の制度化、本格実施に向けた検討会（第４回）提出資料、２０２４年12月
2　「こども誰でも通園制度の制度化、本格実施に向けた検討会における取りまとめ」２０２４年12月
3　こども家庭庁「令和５年教育・保育施設等における事故報告書」２０２４年８月
4　「こども誰でも通園制度の制度化、本格実施に向けた検討状況について」子ども・子育て支援等分科会（第８回）提出資料、２０２４年12月
5　こども誰でも通園制度の制度化、本格実施に向けた検討会（第２回）議事録、２０２４年９月
6　注３に同じ

2　試行的事業の実際

2－1　豊中市の試行的事業

試行的事業の実施状況

大阪府豊中市《とよなか》では、２０２４年に5か所の保育・教育施設（幼稚園型認定こども園1か所、幼保連携型認定こども園３か所、保育所1か所）でこども誰でも通園制度試行的事業を実施しました。社会福祉法人「あけぼの会」は、豊中市内で6か所の保育園と1か所の幼保連携型認定こども園を運営しています。このうち、東泉丘ひだまり保育園（57日～2歳児まで定員56名）が試行的事業に参加しました。

東泉丘ひだまり保育園の試行的事業

２０２４年7月にスタートした試行的事業は、豊中市に住民登録があり市内在住の方を利用資格としています。対象年齢は、生後6か月から3歳未満児です。年齢ごとに月曜日は2歳児、水曜日は0歳児、金曜日は1歳児と決めています。定員は各年齢2名です。利用時間は1か月10時間という国の制限があるため、1日の利用時間を10時～12時30分の2時間半とし、同じ曜日に毎週利用する定期利用としています。利用期間は7月1日～9月30日まで、10月1日～12月27日まで、1月6日～3月28日までの3クールで行っています。3クールにしたのは利用歳児の把握をしやすくするためです。利用料金は1時間３００円、昼食代は３００円とし、1日（2時間半）

で合計１０５０円を利用日当日に支払います。

東泉丘ひだまり保育園では、一時預かり事業を専用室独立型でおこなってきました。こども誰でも通園制度の試行的事業も、同じ専用室を使っています。一時預かり事業は毎日５人くらいの利用があり、保育士（非常勤）２名が担当しています。試行的事業担当保育士１名は非常勤で週３日、８時30分～14時で勤務しています（試行的事業の時間外はクラス保育も手伝う）。試行的事業の日は、同室に保育士が３人いる状況になります。試行的事業担当保育士は１日２名の子どもを担当します。

保育士不足はどこの施設でも抱えている問題ですが、東泉丘ひだまり保育園も同様で厳しい現状のなかで在園クラスの保育に負担をかけず、試行的事業の子どもたちにも丁寧に保育するために、曜日で利用する歳児を決めたそうです。同じ年齢の方が１人で保育しやすく、例えば散歩に行くなど在園のクラス保育にも参加しやすいそうです。担当保育士についても子育て支援の観点から保護者の思いに寄り添い、保護者の話を傾聴できる人を人選しています。今回は条件に合った人がみつかり大変助かっているそうです。しかし今後、障害児や要支援家庭の子どもを預かることを考えると、担当保育士の責任が重くなり、一定のスキルも求められることから、研修に参加したり園内で職員間での情報共有を丁寧に行うなど、担当保育士だけに負担が偏らないよう配慮していきたいとのことでした。

表2－7　東泉丘ひだまり保育園の一時預かり事業

・1歳〜5歳（1歳は歩行がしっかりしていること）
・食事は離乳食を終えてアレルギーがなく、揚げ物、青魚、カレーなど幼児食に完全に移行していること
・9時30分〜16時
・保育士は非常勤2名
・慣らし保育は初回3回　9時半〜12時半〈昼食つき〉
・利用料金は2200円＋400円（昼食代）（市で決まっている〉

（出所：筆者作成）

一時あずかり事業との違いについて

東泉丘ひだまり保育園は一時預かり事業も行なっており、事業内容の違いを意識して取り組んでいます。試行的事業は生後6か月から預かり、離乳食はアレルギー対応も行う予定です。面談は必ず行い、子どもの細かな様子の聞き取りを行いますが、内科検診は必要ありません。慣らし保育はありませんが、親子通園を行い保護者にも保育に入ってもらいながら園の様子を見てもらったり保護者と話をする時間としています。「利用してもらいやすい事業にしたい」と意識していますが、7月〜9月のクールを利用した1歳児は「10時間以上預けたい」という希望から一時預かり事業の利用へ変更されたそうです。

一時預かり事業の内容

一時預かり事業の定員は1日5名で、1・2歳児が多く利用しています。また保育時間が9時30分〜16時ということもあり、ほぼ100％リフレッシュ利用です。利用希望者は毎月、右肩上がりに伸びていきます。行事や職員配置の都合で預かるのが難しい日もありますが、ほぼ毎日5人の利用があり、キャンセル待ちの状況です。先着順ではなく一世帯が月4・5回くらいは利用できるように調整していますが、中し込みが多く、新規の保護者が入りにくい現状になっています。

国・自治体への要望

毎月行っているひだまり広場（支援事業）でこども誰でも通園制度についてお知らせしましたが、ほとんどの保護者に事業内容が周知されていない状況でした。豊中市としてもっと広報してほしいという希望があります。一時預かり事業は毎日5名ほどの子どもが利用していますが、それでも財政的にきびしいなかで運営しています。こども誰でも通園制度を採算がとれる制度にしてほしいという要望がありました。また、現在行っている試行的事業が地域の保護者のニーズに合っているのか、他の施設の情報なども教えてほしいようです。

本格実施にむけて思うこと

現在、東泉丘ひだまり保育園では、こども誰でも通園制度の本格実施について内容を検討中ということでした。実施するのであれば、保護者と話をする時間を確保しコミュニケーションを大事にしたい。その為には、コミュニケーションの時間が確保できる補助金の必要性を感じておられます。一時預かり事業では泣いている子どもが慣らし保育の3日目くらいで段々おちついてきます。こども誰でも通園制度は時間が短いことから、子どもが慣れるのに一時預かり事業の倍くらいの時間がかかる子どももいます。また、配慮が必要な家庭に対応しようと思えば、自園で行っている1日2時間半では十分な対応ができないため、保育時間の月上限10時間では、子どもにとっても保護者にとっても不十分な制度になるのではないかと危惧されておられました。

視察を受けて

視察させていただき感じたこととして、東泉丘ひだまり保育園の試行的事業は月10時間という制限の中で保護者の子育て支援を行い、保育士不足の厳しい状況にあっても子どもたちに負担なく楽しい生活を保障しようとする園の努力と工夫を感じました。また、保育時間が短いことから保護者にとってはこども誰でも通園制度が一時預かり事業の「お試し」になってしまう恐れもありそうです。東泉丘ひだまり保育園はキャンセル待ちが出るほど、信頼と要望が強い一時預かり事業を地域で展開しておられました。安定的な運営が保障されれば、さらに地域の子育て支援事業として充実できる可能性を感じました。

2－2　富田林市の試行的事業

大阪府富田林《とんだばやし》市では、公立保育所1か所で試行的事業を行っています。実施場所は、公立施設若葉保育園内で実施方法は一般型（専用室）です。以前同園で、一時預かり事業（現在は休止中）[7]として使用していた部屋を使用し、クラス名称は「ぱんだ組」です。

若葉保育園の実施状況

(1)　対象年齢と利用時間・利用料金

利用対象年齢は、0歳6か月から3歳の誕生日を迎える前日までです。利用方法は定期利用の曜日固定型です。曜日固定なので1人の利用者が月4、5回利用できます。利用時間は、午前10

時から午後３時までの５時間です。５時間の利用の中には昼食と午睡も含んでいます。１人月20～25時間利用できることになります（月10時間を超えた時間については、市の単独費用）。危機管理の観点や災害時のことを考えると１時間、２時間単位では子どもの受け入れや降園確認などが大変で、また、子どものことを考えると時間単位で環境に慣れるというのは難しいのではないかと考え、１日５時間の設定にしたそうです。保育士は正規職員と会計年度任用職員の２人です。担当の保育士が休暇の時は、園長代理の保育士や他の保育士が入ります。

利用料金(8)は給食代も含み１日１７００円で、月２回まで支払いますが、３回目以降は無料となります（上限３４００円）。利用料金の金額は、富田林の私立保育所や認定こども園で行っている一時預かり事業の料金を参考にしたそうです。減免制度(9)も適用し、料金は前払いの現金払いのみです。

(2)　申請から利用開始への流れ

利用申し込みは、市のホームページの電子申請ページより行い、希望が多い場合は抽選となります。抽選の結果を、ホームページ上でも公開し（登録番号での発表）、決定者には決定通知書等書類を送付し、書類を受け取り次第、決定者から保育所に連絡し面談の日程などの調整を行います。その後、親子で来園してもらい面談をします。面談では、保護者に利用についての説明や子どもの健康面や食事の聞き取りなど在園児受け入れと同じように話をします。定員に空きが出た場合は、随時申請を受け付けています。

利用定員は7月当初は初めて行う事業ということもあり、各曜日1日3名からスタートしました。その後、子どもたちが慣れてきたこともあり、少しでも多くの方に利用をしてもらおうと、現在は1日5名受け入れています。取材当日までの利用実人数は29名です。7月開始の申し込みでは15名の枠に65名もの応募があり、応募地域も市内全域でした。事業開始にあたっては、担当課と園長、担当する保育士、保健師も入って様々な場面を想定し実施方法を決めました。申請時の申込フォームについては「こども誰でも」と謳っているため誰でも申請しやすいように現在のシンプルな形（名前・住所・連絡先・生年月日・保護者の名前・備考、自由記述）になったそうです。また、子どもたちの状況を見ながら、3名から5名に受け入れ枠を増やしました。

(3)　利用開始時のとり組み

こども誰でも通園制度では、慣らし保育は行わないため、子どもの様子に合わせて親子通園という形で給食時間頃に来ていただき、保護者に給食を食べさせてもらったり、親子で保育室で一緒に過ごしたり、子どもの状況に合わせて無理なくすすめています。このような対応により親子で安心して利用してもらうことができています。

なかなか慣れず、泣いていた子どももいましたが、定期利用であることから、子ども同士が仲良くなり好きな遊びを楽しむ姿が見られるようになりました。また、生活面でも、自分のロッカーが定位置にあるなど生活の流れを同じにし、食事も同じ場所にすることで、自分の居場所ができ子どもが安心して生活ができるようにしています。

表２−８　子ども誰でも通園制度の保育について

一日の流れ（イメージ）

時間	概ね８か月頃まで	概ね８か月頃から	概ね１歳頃から
10時00分	登園	登園	登園
10時15分	食事	戸外遊び	戸外遊び
10時30分	室内遊び ふれあい遊び	室内遊び ふれあい遊び	室内遊び 絵画制作など
10時45分		食事	
11時00分			食事
11時30分	午睡	午睡	
12時00分			午睡
14時30分	補食 ふれあい遊び		
15時00分	降園	降園	降園

（出所：富田林Webサイトから転載）

試行的事業の実施にあたり、支援計画を作成することが義務付けられています。週1回のこどもの姿で支援計画を立てることには難しさがあり、子どもの様子から何度も改善し、子どもの育ちに見合った支援計画にしているそうです。定期利用でもこのように支援計画を立てることは難しいなかで、自由利用や、短時間保育の場合、支援計画を立てることは困難ではないかと話されていました。また富田林市では利用最初の面談だけではなく、保護者との面談も支援計画に位置づけて行なっています。送迎時のやり取りだけではなくきちんと面談時間を設けることで、保護者の話を聞く機会になり、子どもの成長を共有できる時間になりました。

(4)　給食の位置づけ

保育の中で食に関することを大切にしています。通常の保育の中では、「食べることは生きること」

として長年大切にしてきましたが、こども誰でも通園制度においても食べることを大事にしています。試行的事業をするなかで、食事について悩まれている保護者が多いと感じました。週1回5時間定期的に利用してもらうことにより子どもの食事の様子がわかり、一人ひとりの食事のすすめ方を考え、その日の食事の様子を保護者と共有することで様々な食材を食べられるようになり、給食提供も子育て支援につながっているのだと感じています。食事についてはアレルギー対応なども行っていることから最初の面談でも離乳食の進み具合や、食材の大きさ、好き嫌いなど丁寧に聞き取りをしているそうです。

今後の課題

こども誰でも通園制度は3歳未満児までの利用ということで、3歳の誕生日を迎える前日までしか利用できず、せっかく保育所や保育士にも慣れ、生活リズムができたところで、やめなければなりません。また担当課の悩みとしては、補助金の単価が低いうえに、月の10時間分しか出ないため、市の持ち出しが多額になっていることです。富田林市では15名の枠に65名の希望者があったことから、リフレッシュを目的とする子育て支援策が求められています。

2－3　名古屋市の試行的事業

名古屋市の公立保育所では、こども誰でも通園制度の前身となる「未就園児の定期的な預かりモデル事業」（以下、モデル事業という）を2023年度から実施しています。2024年度も、名古屋市は引き続きこのモデル事業を実施する形で、国のこども誰でも通園制度試行的事業に応募し、採択されました。

名古屋市のモデル事業

モデル事業の目的は、育児不安等を抱える家庭の未就園児を定期的に預かることで、専門家（保育士）による良質な成育環境を確保し、子どもにとっては、他児とともに過ごし遊ぶ経験を通じて発達を促すこと、保護者にとっては、育児疲れの解消や継続的な支援、必要に応じて関係機関と連携した支援を行うことです。

こども誰でも通園制度も、この事業目的を一部踏襲しているようです。しかし、名古屋市のモデル事業はこども誰でも通園制度と実施方法が異なります。こども誰でも通園制度は、月に10時間を上限として、保護者が自分で申し込み、実施施設に空きがあれば、満3歳未満の児童を預けられる仕組みです。これに対してモデル事業の対象は生後6か月から就学前までの未就園児で、1回10時間までで週1～2回、定期的に利用できる仕組みです。また、2か月に一度、保育士との面談の機会が設けられており、子どもの様子や子育ての悩みを相談できるような仕組みになっています。

対象者も申し込みによる抽選ではありません。保健センターや区役所、児童相談所等が連携し、育児不安や養育力不足といった課題を抱える保護者に、保健師やケースワーカーが直接声掛けし、保護者が希望した場合に利用につなげています。保育所側では、利用前に保護者と面談し、話を聞きながら、どのような支援が必要か計画をたてます。

公立保育所のリフレッシュ預かり保育事業について

名古屋市では、リフレッシュを要件とする一時保育事業を実施しています。実は、この事業がこども誰でも通園制度と似ています。月3回まで利用できる事業で、子育て家庭の保護者の育児疲れを解消するため、一時的に子どもを預かり、保護者が新たな気持ちで育児に取り組めるよう支援する事業です。

また、これとは別に、公立保育所リフレッシュ預かり保育事業（以下、リフレッシュ預かり保育事業という）があります。市内の公立保育所がローテーションを組み、1日につき8園で、1回6時間を限度に、月3回まで利用できる事業です。ほとんどの園で専用室を設けず、他の在園児と同じ部屋で保育を行っています。

リフレッシュ預かり保育事業はとても人気があり、利用の前々月に抽選での募集を行い、利用の前月から抽選後の空き枠の募集を行っていますが、園では申し込みが殺到し、翌月分の枠がすぐに埋まってしまうそうです。保護者は育児疲れを抱えていても、なかなか利用できず、まして毎月利用することは難しいようです。

一方でモデル事業は、育児不安等を抱えた世帯に対象を絞り、かつ定期的に利用できるので、保護者からすると育児不安等を解消する手段としてモデル事業を利用できます。また行政の職員から直接声掛けするため、自分からリフレッシュ預かり保育事業に申し込みができないような保護者や、一人で子育てに悩んでいる保護者に、手を差し伸べることができる仕組みになっています。

市立猪子石第一保育園でのモデル事業実施状況

猪子石第一保育園では一時保育事業を専用室で行っており、同室で２０２３年7月1日から、モデル事業を始めました。２０２３年度の利用は延べ１４９人、実人数７人、２０２４年度（４～1月）は延べ１０２人、実人数５人です。

利用時間は8時から18時までの間で、利用前の面談時に相談して決めます。利用料は、利用時間6時間まで１２００円、８時間まで１６００円、10時間で２０００円となっており、こども誰でも通園制度よりも安い設定です。また、非課税世帯は無料となる等の減免制度もあります。名古屋市が実施している一時保育事業と同じ料金設定です。

特別な支援を必要とする子どもや家庭の受け入れについては、対象者の状況を踏まえて個別に判断しており、なかには療育施設と併用されている方もおられます。子ども一人に対して2か月に一回程度保育計画を立てて保護者と面談しています。

当初、猪子石第一保育園で実施している一時保育事業の利用者のなかで、子どもの頑なな偏食に困惑し、また育児により疲弊している保護者がいました。その親子を支援するため、園が連携機関と相談したうえでモデル事業を紹介し、利用に繋げた例があったそうです。この子どもは、食へのこだわりが強く、特定の食品しか摂取できず、保護者は悩みを抱えつつも触れられたくない思いで孤立している様子でした。しかし、継続して保護者との丁寧な関わりを持ち、保育を進めるなかで、この子どもが他の子どもの給食の様子に関心を持ち、徐々に様々な食材を口にできるようになって自ら給食を食べられるようになるという変化がありました。お弁当がいらなくなり、家庭でも家族と同じ食事がとれるようになったため、保護者の育児負担が大きく軽減し、保護者も子どもも表情が明るくなったそうです。

また、生後6か月のある子どもは四六時中抱っこしていなければ泣いてばかりで、その声の大きさと虐待を疑われ通報されるのではないかという不安から保護者も疲れ切っていたそうです。しかし、保育を進めるなかで生活リズムもつき、泣かずに遊べるようにもなり、保護者も表情が明るくなって保育所に預かってもらっている間に家事ができ、家庭と心を整えることができたという喜びの声が聞かれたそうです。

こども誰でも通園制度の課題について

「毎日が〝4月〟」。これは、一時保育事業やモデル事業を担当している保育士の言葉です。名古屋市のモデル事業は前述したように定期的な利用により、一定の効果があることは明白です。一方で、この事業の利用は定期的ではあるものの、週に1~2回であり、その分、子どもたちが利用を始めてから新しい環境に慣れるのに時間がかかります。年度途中からの新規利用も多いため、現場の保育士にとっては、毎日が苦労や試行錯誤の日々です。

利用対象児童は小学校就学前となっていますが、2023年度、2024年度に受け入れていた児童は、0歳から1歳がほとんどです。職員配置は、基本的には非正規（会計年度保育所ローテーション勤務対応保育士）１名と、保育補助員1名の２名体制となっていますが、この事業には高い専門性と経験が求められるため、実際は、園内での運用で正規の保育士で対応しています。

名古屋市が実施しているモデル事業は、まさに子育て支援に直結するものであり、評価できる事業です。また、こども誰でも通園制度と比較すると、名古屋市のモデル事業は、利用日数は週１～２日、利用時間は午前８時から午後６時の間の必要な時間と、１日に最長10時間の利用が可能です。利用料も時間が長い割には安く設定されています。対象年齢も、生後６か月から小学校就学前になっています。２か月ごとに保育計画を立てて保護者と面談するなど、子どもと保護者に寄り添い丁寧な保育が進められていて、その中で子どもたちも成長している様子がうかがえます。

名古屋市で実施しているモデル事業は、こども誰でも通園制度とは実施方法に大きな違いがあることは先に述べた通りです。そのため、名古屋市はこども誰でも通園制度とは別事業としてモデル事業を継続実施していく一方で、こども誰でも通園制度が２０２６年度から全国で本格実施することを踏まえ、国の実施方針に沿ったこども誰でも通園制度の実施も検討しています。

名古屋市には、モデル事業で培った運用や効果を検証し、新たなこども誰でも通園制度に活かしていくだけでなく、現在実施しているモデル事業や一時保育事業、リフレッシュ預かり保育事業を堅持し、より拡充していくことが期待されます。

しかし、モデル事業は人員が十分ではなく、この事業の運営は現場の職員の日々の多大な努力で行われているのが現状です。名古屋市の公立保育所でも保育士が足りないため、ただでさえ大変な保育現場に、新たな負担を強いることは避けるべきです。

注

7　富田林市内の保育所・認定こども園が増加したことと、市内全体の一時預かり事業利用人数が減少したことにより、現在公立保育所において一時預かり事業を休止しています。

8　利用日時点の課税情報により利用料が変わる場合があります。

9　減免対象世帯は、生活保護受給世帯・市町村民税非課税世帯・児童扶養手当受給世帯

第3章　一時預かり事業のしくみと実態

1　一時預かり事業の概要

事業の歴史的経緯と法的位置づけ

一時預かり事業は、1990年から国庫補助事業として「一時保育事業」という名称で公的に実施されてきました。事業の対象として、当初は、保護者の多様な就労形態や職業訓練・就学への対応や、傷病、災害、事故、出産、看護・介護、冠婚葬祭などの事由によるものが想定されていました。その後、1996年からは、保護者の心理的・肉体的負担（育児疲れ）を軽減するリフレッシュ目的でも利用できるようになりました。

2009年には、児童福祉法の一部改正により、名称が「一時預かり事業」に変更され、児童福祉法の第2種社会福祉事業として「家庭において保育を受けることが一時的に困難となった乳児又は幼児について、厚生労働省令で定めるところにより、主として昼間において、保育所、認定こども園、その他の場所において、一時的に預かり、必要な保護を行う事業をいう」（児童福祉

り事業の実施類型

⑤幼稚園Ⅱ型	⑥居宅訪問型	⑦災害特例型
保育を必要とする（3号認定を受けた）0・1・2歳児	ア障害、疾病等で集団保育が著しく困難、イひとり親家庭等で、保護者が一時的に夜間及び深夜の就労等を行う、ウ離島等の地域で保護者が一時的に就労等を行う等の要件に該当する、家庭において保育を受けることが一時的に困難となった乳幼児等	被災市町村に居住する世帯に属し、在籍する特定教育・保育施設等とは別の特定教育・保育施設等を利用する乳幼児や、保護者が復旧活動等を行うために、幼稚園等において、教育時間の前後又は長期休業日等に当該幼稚園等を利用する幼児
「新子育て安心プラン実施計画」の採択を受けている市区町村の幼稚園	利用児童の居宅	保育所、幼稚園、認定こども園、特例保育施設又は地域型保育事業所、地域子育て支援拠点等

（出所：一時預かり事業実施要綱をもとに筆者作成）

法第6条の3第7項）として位置付けられました。

また、2015年からは、子ども・子育て支援法の地域子ども・子育て支援13事業の1つとして、子ども・子育て支援交付金の交付対象事業に再編されました。

さらに2024年の児童福祉法の一部改正にともない、一時預かり事業の対象に「1．家庭において保育を受けることが一時的に困難となった乳児又は幼児」だけでなく「2．子育てに係る保護者の負担を軽減するため、保育所等において一時的に預かることが望ましいと認められる乳児又は幼児」が追記され、法的にも保護者の負担軽減による利用が明確に規定されるようになりました。(1)(2)(3)

現在の一時預かり事業の実施類型

現在の一時預かり事業は「一時預かり事業の実施について」（令和6年3月30日5文科初第2592

表３−１　一時預か

型	①一般型	②地域密着Ⅱ型	③余裕活用型	④幼稚園Ⅰ型
対象	保育所、幼稚園、認定こども園等に通っていない、又は在籍していない乳幼児。当分の間、待機児童解消に向けて緊急的に対応する施策を実施する市町村において、保育を必要とする（２号・３号認定を受けた）乳幼児で保育所等を利用していない、保育所等への入所が決まるまでの者も含む			幼稚園等に在籍する満３歳以上の幼児で、教育時間の前後又は長期休業日等に当該幼稚園等において一時的に保護を受ける者
実施場所	保育所、幼稚園、認定こども園、地域子育て支援拠点又は駅周辺等利便性の高い場所など、一定の利用児童が見込まれる場所	地域子育て支援拠点や駅周辺等利便性の高い場所	保育所、認定こども園、家庭的保育事業所、小規模保育事業所、事業所内保育事業所等で利用児童数が利用定員総数に満たない場所	幼稚園又は認定こども園

号、こ成保第191号）の別紙に定める「一時預かり事業実施要綱」に基づき、「日常生活上の突発な事情や社会参加などにより一時的に家庭での保育が困難となった場合や保護者の心理的・身体的負担を軽減するために支援が必要な場合に、保育所などで乳幼児を一時的に預かり安心して子育てができる環境を整備する」ことを目的として実施されています。

実施方法には、現在、実施場所や主な対象児童が異なる７つの事業類型（①一般型、②地域密着Ⅱ型、③余裕活用型、④幼稚園Ⅰ型、⑤幼稚園Ⅱ型、⑥居宅訪問型、⑦災害特例型）が存在しています（**表３−１**）。いずれも、実施主体は市町村（特別区を含む）であり、補助金の補助率は国３分の１、都道府県３分の１、市町村３分の１で実施されています。

保育所、幼稚園、認定こども園等に通っていないい又は在籍していない乳幼児（以下、未就園児）に対して、一時的に保育を行う事業のうち、保育所等で利用定員枠とは別に受け入れを行うものが「①一般型」とされています。また、〝当分の間〟という期限付きで、地域子育て支援拠点や駅周辺等利便性の高い場所で、「①一般型」と異なる独自の設備や職員配置の基準に基づいて実施されることとなっているものが「②地域密着Ⅱ型」です。一方、利用定員に達していない保育所等において定員まで一時預かり事業として受け入れを行うものは「③余裕活用型」となります。なお、これら3類型では、「「待機児童解消に向けて緊急的に対応する施策について」の対応方針について」（平成28年4月7日雇児発0401第2号）に基づき、待機児童解消に向けて緊急的に対応する施策を実施する市町村では、保育認定を受けた乳幼児で待機児童となった者が保育所等への入所が決まるまでの間、定期的に預かること（緊急一時預かり）も当分の間、事業の対象とされています。

次に、幼稚園の在園児である満3歳以上の幼児に対して、これまで預かり保育として行われてきたものを、一時預かり事業として再編したものが「④幼稚園Ⅰ型」、保育を必要とする3号認定を受けた0・1・2歳児に対して、待機児童の解消を目指すことを目的に幼稚園の空きスペースにおいて受け入れる事業が「⑤幼稚園Ⅱ型」となっています。

また、保育所での受け入れが困難な乳幼児を対象に利用児童の居宅で一時預かりを行うものを「⑥居宅訪問型」、災害時に在籍する保育所等を利用できなくなった乳幼児を対象とした避難先での保育所等の一時預かりを「⑦災害特例型」としています。

ここでは、これら7つの事業類型のうち、こども誰でも通園制度の対象ともなる未就園児を対象とした一般型、地域密着Ⅱ型、余裕活用型について、さらに詳しく見ます。

一時預かり事業の施設設備及び保育の内容

まず、それぞれの実施形態における施設設備及び保育の内容を見ます。一般型では保育所の基準である「児童福祉施設の設備及び運営に関する基準第32条」の規定に準じて、「一般型一時預かり事業の対象とする乳幼児の年齢及び人数に応じて、必要な設備（医務室、調理室及び屋外遊戯場を除く）を設けること」、「食事の提供を行う場合においては、当該施設において行うことが必要な調理のための加熱、保存等の調理機能を有する設備を備えること」など、保育所の保育内容に関する基準を遵守することが求められています（**児童福祉法施行規則第36条の35第1号**）。余裕活用型では、保育所、認定こども園又は家庭的保育事業等、実施施設・事業所の区分に応じ定められた基準等を遵守することとされています。

一方、地域密着Ⅱ型については、児童福祉法施行規則第56条において、「乳幼児及びその保護者が相互の交流を行う場所として開設された施設又は駅周辺の施設その他の利便性の高い施設において、乳幼児を対象に一時預かり事業を行う場合には、〝当分の間〟、第36条の35第1項の規定にかかわらず」（〝〟は筆者）と位置付けられる通り、一般型の規定を適用せず、「事業の対象とする乳幼児の年齢及び人数に応じて、必要な設備（医務室、調理室及び屋外遊戯場を除く）を設けるよう努めること」、「食事の提供を行う場合においては、当該施設において行うことが必要な調理のための加熱、保存等の調理機能を有する設備を備えるよう努めること」等は、努力義務とされています。つまり、保育所等と同様の施設設備及び保育内容の基準の遵守は求められておらず、「当分の間」という経過措置的位置づけながらも、地域密着Ⅱ型では一般型よりも基準が緩和されています。

一時預かり事業の職員配置の基準

職員配置については、余裕活用型では、保育所、認定こども園又は家庭的保育事業等において、利用定員枠に空きがある場合に、その余裕枠を活用する形態であるため、実施施設・事業所に応じて、定められた職員基準を遵守することが求められています。つまり、一時預かり事業を利用する児童のために、追加の職員配置を行うことは求められていません。

一方、一般型の施設では、保育所の職員数の基準である「児童福祉施設の設備及び運営に関する基準第33条」の「保育士の数は、乳児おおむね3人につき1人以上、満1歳以上満3歳に満たない幼児おおむね6人につき1人以上」という規定に基づき、乳幼児の年齢及び人数に応じて、専ら一時預かり事業に従事する職員として「保育従事者」を配置し、そのうち「保育士を2分の1以上」とすること、また「当該保育従事者の数は2名を下ることはできない」ことが規定されています。ただし、保育所等と一体的に事業を実施し、当該保育所等の職員による支援を受けられる場合には、「保育従事者を保育士1名とすることができる」という規定もあります。さらに、「1日当たりの平均利用児童数（年間延べ利用人数を年間開所日数で除して得た数）がおおむね3人以下の場合には、家庭的保育者を保育士とみなすことができる」ということや、「1日当たりの平均利用児童数がおおむね3人以下で保育所等と一体的に事業を運営し、保育所を利用する乳幼児と同一の場所で一時預かりを実施する場合で当該保育所等の保育士による支援が受けられる場合には、保育士1名で対応できる乳幼児数の範囲において保育従事者を子育て支援員1名とすることができる」という規定も設けられています。つまり、一般型では、実施場所や利用児童数などの条件によっては保育所の基準よりも職員配置の基準は緩和されています。

地域密着Ⅱ型では、事業の対象とする乳幼児の年齢及び人数に応じて、当該乳幼児の処遇を行う職員として保育士又は市町村長が行う研修を修了した者を置くこととされています。ただし、担当者の数は2名を下ることはできないことや、担当者のうち保育について経験豊富な保育士を1名以上配置することが規定されています。

なお、職員の研修に関しては、一般型では、保育士以外の保育者を配置する場合には、子育て支援員の基本研修及び専門研修の地域保育コースに位置づく一時預かり事業又は地域型保育の研修を修了した者か、家庭的保育者研修の基礎研修を修了したものであることが求められており、かつ、非定期利用が中心である一時預かり事業の特性に留意し研修内容を設定することとなっています。

地域密着Ⅱ型では、保育士資格を有していない担当者の配置を行う場合は、市町村が実施する研修を受講・修了することが要件とされており明確な研修の基準はありません。

以上が、児童福祉法施行規則や児童福祉施設の設備運営基準等で定められている一時預かり事業のルールとなっており、全国一律の内容です。

運営費と利用料について

次に運営費を見ます。子ども・子育て交付金要綱別紙（令和6年12月24日改正）によると、一般型、地域密着Ⅱ型の場合、運営費の基本分は年間延べ利用児童数と、保育従事者の実態（①すべて保育士又は1日当たりの平均利用児童数おおむね3人以下の施設において保育士とみなされた家庭的保育者と同等の研修を修了した者で構成される事業、または②その他の事業）によってそれぞれ「基準額」が設定されています。ただし、緊急一時預かり対象児童は、児童一人当たり日額4400円、特別支援児童（障害児・多胎児）加算は日額3600円と設定され、先の年間延べ利用数からは除かれて別途算出されることとなっています。非課税世帯や要支援児童がいる世帯の利用者負担軽減も設けられています。さらに、一般型で土曜日、日曜日、国民の祝日等の開所及び1日9時間以上の開所を行っている「基幹型施設」は115万円の加算が設定されています。

余裕活用型の場合、運営費は児童一人当たりの日額で考えられており、基本分は2400円、特別支援児童（障害児・多胎児）加算は3600円と設定されています。一般型と同様に非課税世帯や要支援児童の利用者負担軽減も設けられています。

また、いずれの類型においても、開設準備経費として1か所当たり年額で、改修費等で４００万円が設定されているほか、一般型では礼金及び賃借料（開設前月分）として60万円も設定されています。

これら「基本分及び加算額等から算出された金額と一時預かり事業経費の実支出額を比較して少ない方の金額」か「総事業費から収入額を控除した金額」のいずれか少ない方の金額が一時預かり事業への補助額となり、そのうち3分の1ずつを市町村・都道府県・国が補助する形となっています。この補助金と利用者からの利用料によって一時預かり事業の各事業所は運営することとなります。

一般型では右記算出の「一般分」とは別に、「その他分」として、事務職員等の配置に対する事務経費加算２６７万円も設定されています。

なお、利用料の基準は設定されておらず、各市町村内で統一の金額を設定している地域や、市町村内で統一の基準を設けず事業所単位で金額を設定しているところなど、様々な形があります。利用にあたっては事業所と直接契約することとなっており、利用料は、事業所が直接徴収することが基本です。平均的には1日２５００円程度（こども家庭庁の資料[4]では1時間３００～４００円程度と表記）となっています。[5]

一時預かり事業の実施及び利用状況

では、一時預かり事業の実施か所数及び利用数は、どのように推移しているのでしょうか。一時預かり事業実施状況は**図３－１**の通り、一般型の実施か所数が最も多く、ピークの２０１９年には９８８９か所と10年間で１・64倍に増加しています。ただしコロナの影響で２０２０年は実施か所数が大きく減少し、２０２１年、２０２２年で徐々に増加しているもののコロナ前の実施か所数にまでは回復していないのが現状です。なお地域密着Ⅱ型の実施か所数は、一般型の内数に含まれており詳細な内訳は不明です。

余裕活用型もコロナ禍で一時減少しましたが、２０２２年現在、８８９箇所とコロナ禍以前よりも実施個所数が増えています。

こども家庭庁(6)によると、現行の一時預かり事業は１２６９の市町村で実施されています。これは、全国の約73％の市町村で一時預かり事業が一か所以上設置されている一方で、約４７０の市町村においては一時預かり事業が一か所も実施されていないことを意味しています。

延べ利用児童数でみると、一般型は２０１６年の４９１万８６５人をピークにその後は減少傾向にあります。コロナ禍の影響による大幅減を経て、２０２２年現在３４５万７３１４人となっています。これは、待機児童の受け皿整備が進んだことにより、就労等にともなう定期的な一時利用児童の数が減少したことが影響しているのかもしれません。一方、余裕活用型は施設数の増加と連動し、延べ利用児童数も増加傾向にあります。

図3－1　一時預かり事業の実施状況の推移

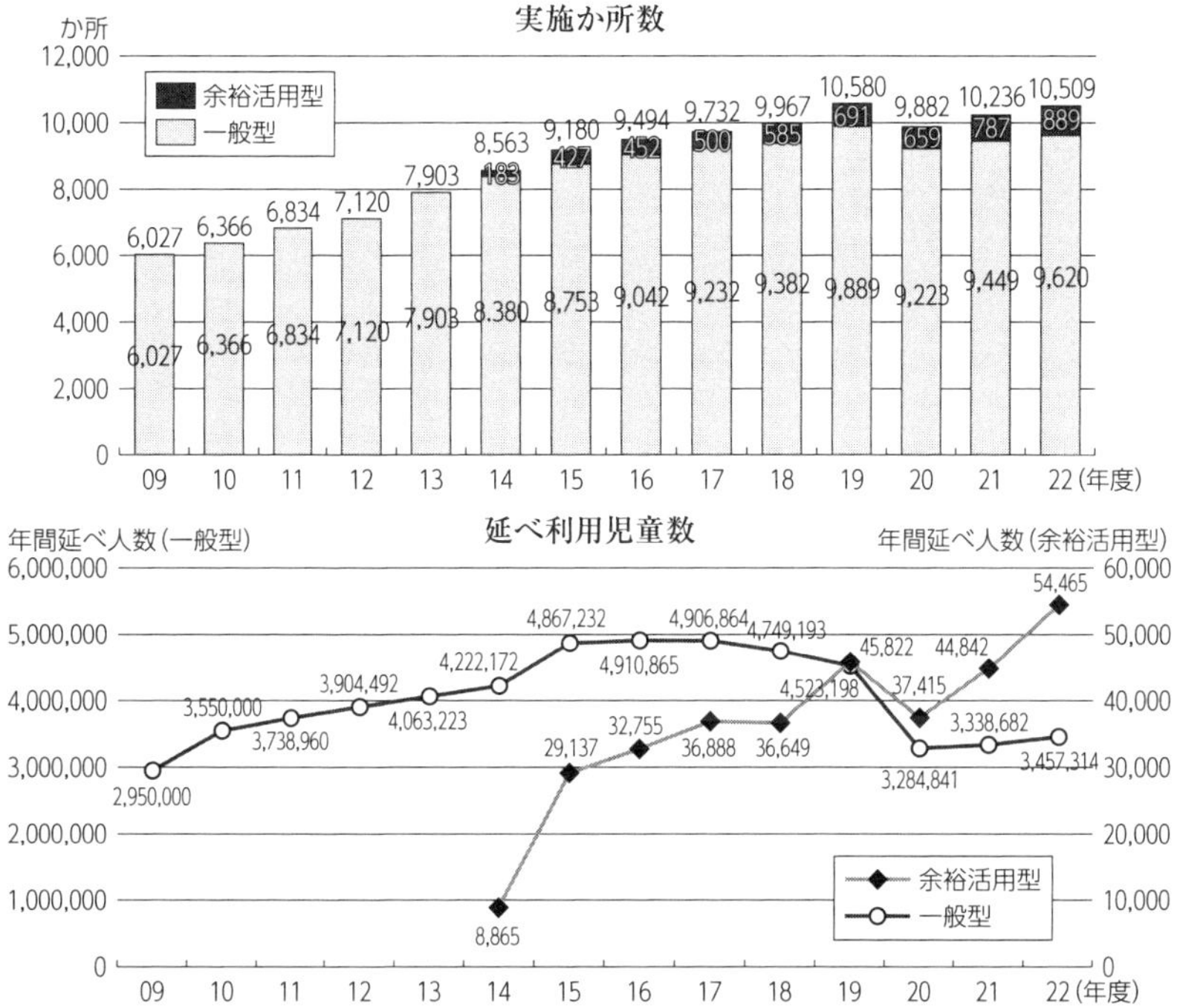

（出所：こども家庭庁「延長保育等実施状況調査（令和4年度）」より筆者作成）

なお、「2022年度（令和4年度）一時預かり事業の実施状況に関する調査研究報告書」[7]の自治体アンケート（n＝959）よると、実施か所数が最も多い一般型（n＝821）の一時預かり事業の場所は、保育所が74・3％と最も高く、次いで認定こども園が58・8％、地域子育て支援拠点が15・2％となっています。

また同調査において、一時預かり事業の専用室を設置しているのは43・2％、専用室を設けず他事業と一緒に一時預かりをしている施設が56・7％でした。

一時預かり事業の利用方法は、市町村や事業所によって定期利用、自由利用など様々で、利用時間も国の補助事業としては利用時間の上限等は設けられていません。しかし、約75％の市町村では独自に上限時間や日数が設けられているのが実態であり、上限が設けられている場合、週3日、月12日程度となっているようです。

これら実態を踏まえ、次の節では一時預かり事業のうち全国的な実態としても多くの割合を占める一般型を保育所で実施する事例を見ます。

注

1　加藤望・中坪史典「なぜ日本の乳幼児子育て期の保護者はリフレッシュ目的で一時預かりを利用しにくいのか?」広島大学大学院教育学研究科紀要第三部第67号、２０１８年12月

2　全国保育団体連絡会・保育研究所編「保育白書２０２２」ひとなる書房、２０２２年8月

3　全国保育団体連絡会・保育研究所編「保育白書２０２４」ひとなる書房、２０２４年8月

4　「こども誰でも通園制度（仮称）の本格実施を見据えた試行的事業施設の在り方について」こども誰でも通園制度（仮称）の本格実施を見据えた試行的事業実施の在り方に関する検討会（第2回）提出資料、２０２3年10月

5　令和4年度子ども・子育て支援推進調査研究事業「一時預かり事業の実施状況に関する調査研究」三菱ＵＦＪリサーチ&コンサルティング株式会社、２０２3年

6　注4に同じ

7　注5に同じ

2　一時預かり事業の実際

2－1　名古屋市の事例

名古屋市の「一時保育」

名古屋市の一時預かり事業の呼称は「一時保育」といい、名古屋市に住所を有する保育施設等で保育を利用していない就学前の子どもを対象に実施しています。

事業の目的は保護者が、①就労形態等により家庭における保育が継続的に困難になる場合（非定型保育）、②傷病、出産など緊急・一時的に家庭で保育が困難になる場合（緊急保育）、③新たな気持ちで家庭保育に取り組むなど（リフレッシュ保育）のときに、子どもを一時的に指定された保育所や認定こども園で預かる制度で、開設日時は午前8時から午後6時までのうち必要な時間となっています。

①の利用は最長で6か月、継続利用を希望する場合は再申請ができます。②の利用では原則日曜・祝日を含む連続した14日以内、継続利用の希望は1回に限り再申請ができ、同一年度内における同一要件での利用は原則として1回に限ります。幼稚園在籍児についても長期休暇期間に、保護者が疾病や出産等緊急の要件がある場合、②の利用は可能となっています。

利用料は、６時間まで１２００円、８時間まで１６００円、10時間まで２０００円（家庭の税額による減免・減額もあり）で、飲食物費として別途一日３００円が必要です。

利用の手続きは、住んでいる区の社会福祉事務所に「利用申請書」を提出しますが、上述の②緊急、③リフレッシュについては、事業実施施設でも受け付けができます。

実施施設・けやきの木保育園の場合

名古屋市の私立保育所・けやきの木保育園（定員130名）では、2007年度から一時保育を実施しています。利用定員は12名（非定型枠6名、緊急枠2名、リフレッシュ枠4名）で、0歳2か月から6歳までのこどもを対象にしています。利用目的や利用料は名古屋市「一時保育のごあない」の通りで、利用時間は8時から18時まで、土曜日はありません。実際の利用は1日8名から10名です。一時保育専用室があり、職員は正規1名、非正規2名、無資格者1名の計4名を専属で配置しています。さらに同保育園が実施している子育て支援センター（非正規3名）とも連携し、専用室での保育のほか、通常保育との合同保育や対象年齢のクラス保育など多彩な取り組みをしています。申し込みは電話もしくはネット申込みですが、リフレッシュ枠はネットで申し込みを行います。昨年の利用状況は、非定型666名、緊急101名、リフレッシュ660名、合計1427名となっています。名古屋市は一時保育の補助金として正規職員配置1名（格付人件費といい約500万円）分を加算していることから、園の持ち出しなく正規職員を配置することができます（同事業に正規職員を配置する意味は後述）。

(1)「親子のいつもの姿」に近づく努力

利用にあたって、申し込みは前月5日までに受付、事前面談を30分程度行い、慣らし保育があり、初日はなるべくお昼までの利用としています。初日までの期間に、同保育園の子育て支援センターになるべく多く通うことを保護者にうながし、保護者といる子どもの「いつも（の姿）」を知ることを大切にしています。保育開始後、食事支援では、離乳食の形状や、1歳児低月齢児は事前面談で聞きとって個別配慮を行い、食べられない場合は代替食を提供します。椅子・机やスプーンも個別に配慮します。睡眠支援でも、月齢や生活リズムにより時差で少人数ずつ行い、家庭での寝かせ方や安心できるタオルなどを持参してもらうなど配慮しています。

また担当職員は、各子どもの記録「個票」をつけ、以前利用した時の子どもの姿もわかるようにしています。「〝保育園の4月（の状態）〟が一時保育の毎日です。だからこそ「その子のいつも」に近づくために、その子の記録をとっています」と記録の理由を担当職員は語っていました。

(2) 保護者への支援、要保護・配慮家庭への支援

保護者支援にも重きをおき、保育の様子やこどもの発達の様子を保護者に伝え、保護者の悩みも聞き、保護者同士のコミュニケーションの援助を行っています。また手作りおもちゃの販売も行います。要保護・配慮家庭には利用終了後も必要な時は連絡をとるようにし、職員会議でも報告して、園全体で見守るように努めています。

(3) 手作りおもちゃがいっぱいの専用室（見学の日の様子から）

9月のまだ暑い日、専用室には1組の親子と6人くらいの子どもたちが、保育士とゆったりと遊んでいました。子どもたちがお店屋さんごっこしているのは、すべて手作りのレジセット（バーコードをよみとるレジの形の工夫がされている）、ジュースや食べ物などのおもちゃ。専用室は手作り冷蔵庫に牛乳パックでつくった机に椅子もある温かみあふれるスペースになっています。子どもが生活の見通しをもち、何をするのか、いまからどこに行くのか、どんな遊びがあるかを自分でわかるようにする、わかることで安心につながるような生活と遊びを大切にしています。そしてお迎えにきた保護者とも一緒にたくさん遊んでもらい、「ここは楽しいところ」と親子でわかってもらえるよう工夫をしています。

けやきの木保育園の一時保育と一時保育の今後

(1) 正規職員の配置で安定した保育を保障

子どもだけでなく保護者にも丁寧に生活の場を保障しているけやきの木保育園の一時保育ですが、これを可能にしているのは専属で正規職員を配置していることにあります。正規職員を一時保育に置くことで、安定した保育を行うことにつながります。そのことで個別配慮の必要な家庭へのアプローチを行い、職員会議でも子どもたちのこと、家庭の状況を共有して園全体で見守ることができるのです。孤独な子育てにならないよう、社会とのつながりの場になり、子育て仲間とつながりをつくることができます。実情にあわせた仕事復帰の応援や、怪我・病気・出産などを夫婦だけで乗り切らなければならない家庭への具体的な支援を行っています。

(2)　一時保育担当に会議・研修の保障

さらに同園では、一時保育担当者（非正規含む）に定期的な研修を保障しています。子どもの食や、環境、発達について学習を行い、担当者全員で共有しています。そして月１回昼に１時間のうちあわせを行い、日ごろの子どもたちの姿や、困りごとなど交流し、子どもの姿から大切にしていきたい内容を話しあうことで、全員で子どもたちの保育にあたっています。

(3)　一時保育の課題と考えること

ニーズに対して事業所が不足していることから、リフレッシュ希望を断らなければならない現状があります。そんな現状でも、一時保育担当職員から「断らざるをえなかった家庭でも、例えば散歩に出る時に出会えば、そこで保護者と話をし、子どもの様子を見守ることができる」と工夫している姿をみることができました。また職員体制が整わない関係から非定型の０歳児が受け入れにくい状況や、リフレッシュは月２回までで３回は受け入れられない状況、障害児受け入れにも名古屋市の加算はつきますが、常に人手不足で急に職員を増やすことが難しい現実もあります。

こども誰でも通園制度に思うこと

園長や一時保育の担当者は、「一時保育では利用開始までに、面談を行い、子育て支援センターに来てもらうなどして、子どもを知る努力をしてのぞんでいる。それなしには考えられない」、「保護者と話をすることも大切にしている。慣らし保育初日は昼までで、他の子どもは寝て落ち着いているときにお迎えがあり、その時間を使って保護者とゆっくり話をする。子どもと保護者を理解する努力をおこなっている。1日2時間、一か月上限10時間のこども誰でも通園制度では考えることもできない」と語ります。保育カリキュラムでも、新しい0歳児は月に1人とし、その日の月齢の組み合わせを考えて、1日の保育計画をたてて保育を実施している同園の一時保育から見て、こども誰でも通園制度は考えることもできない、という話はうなずけます。

2-2　箕面市の事例

箕面市内の一時保育事業

大阪府箕面《みのお》市では、生後6か月から小学校就学前までの保育所等に在籍していない箕面市内在住の児童を対象に、一時預かり事業（呼称、一時保育事業）を実施しています。開設日時は平日及び土曜日の7時半から18時半までです。

利用目的は、①保護者の就労等により、家庭における保育が困難、②保護者の通院やリフレッシュ（買い物・美容院・ランチ等）等で一時的に保育が必要、③保護者の傷病・入院、災害・事故により、緊急かつ短期的に保育が必要のいずれかです。①での申込みの場合には、「勤務証明並びに申告書」、③の場合には「診断書」の提出が求められます。

①及び②による利用の場合は週3日以内、③による利用の場合は原則1か月以内と利用日数に制限が設けられています。保護者は最大2施設まで利用登録ができることとなっていますが、利用日数の上限は2施設の合計で考えます。

保育士加配が必要になる障害児や、医療的ケア児は受け入れていません。

利用料は、一人当たり保育料として0歳児日額2500円、1歳児・2歳児が日額2000円、3歳児以上が日額1800円です。食費は年齢によらず一律日額400円です。ただし、離乳食の場合は未開封の既製品を持参することが求められています。

これら、対象年齢、開設日時、利用目的、障害児の受け入れ方針、保育料及び食費は市内すべての一時預かり事業で統一の基準のもと実施されています。箕面市には公立保育所2施設、私立保育所27施設がありますが、現在一時預かり事業を実施しているのは、私立保育所7施設のみです。

実施施設・瀬川保育園の場合

箕面市の瀬川保育園では、市の基準に基づき、瀬川保育園内の専用室と、保育園から120m（歩いて2分）の距離にある公立せいなん幼稚園の空き教室（専用室）の2箇所を使用して2つの一時預かり事業を実施しています。補助金は1事業で最大290万円（1人分）の人件費しか補助されませんが、実質1人で子どもたちを見ることは困難なため、2事業を合わせて実施し、正規1名、非正規2名の合計3名のベテラン保育士を配置しています。

利用定員は1日10名としていますが、0歳児の利用がある場合は1人の保育士で1人の子どもしか見れないことも多いため、利用受け入れ人数を調整することが必要な時もあるようです。また、基本的に市は週3日以内の利用としていますが、利用家庭のニーズに合わせて週3回を超えての利用（1か月12日間以内）を可にするなど、現場では柔軟な対応がなされています。

また利用時間について、箕面市の案内には「実際の保育利用時間は、開園時間帯の範囲内で、保護者の実際の就労等のために必要な時間のみ」と注釈がなされていますが、瀬川保育園では、園で子どもたちの豊かな生活を保障するために、9時半～16時半を基本保育時間として位置づけ、利用する児童は基本的に全員が9時半には登園してもらうように、保護者にお願いしています。保護者は16時半よりも早くお迎えに来ることも可能ですが、大人の都合ではなく、子どもたちにとってという視点が保育士と保護者の間でも大切にされています。

表3－2の通り、2023年度の登録児童数は、2事業合わせて57名。年齢の内訳は、0歳児が7名、1～2歳児が38名、3歳以上が12名です。延べ利用見込み数では、0歳児が87名、1～2歳児が1832名、3歳以上が116名です。うち、就労等を理由とした利用登録が26名、延べ利用児童数は1319名、リフレッシュ等を理由とした利用登録が31名、延べ利用児童数71

表３－２　瀬川保育園の登録児童数等一覧（2023年度）

利用目的	登録数、利用数	０歳	１～２歳	３歳以上	合計
就労等	登録児童数	2	17	7	26
	延べ利用児童見込み数	17	1211	91	1319
リフレッシュ等	登録児童数	5	21	5	31
	延べ利用児童見込み数	70	621	25	716
合　計	登録児童数	7	38	12	57
	延べ利用見込み数	87	1832	116	2035

（出所：瀬川幼稚園提供資料）

6名であり、近年リフレッシュ目的での利用が増えています。1～2歳が利用の中心ですが、せいなん幼稚園の園児（4・5歳児）も午後や長期休暇に一定数、利用を希望しているのが特徴です。

補助金は、「一時保育専任保育士に係る人件費（人件費と補助基準額290万円を比較して少ない方の額）」と、「一時保育事業実績払い（見込み）額（保護者負担見込み額×1／2）」の合計金額が支給されることとなっており、瀬川保育園が実施する2事業では補助基準額290万円（人件費）×2事業＋一時保育事業実績払い205万円＋保護者からの利用料410万円＝1195万円が事業収入見込みとなります。保育士3名分の人件費が事業収入の9割近くを占めています。隣接した2施設合同で事業を実施しているため保育士の常時複数配置等を実現できていますが、保育所の1事業で同様の保育を実施しようとするとたちまち赤字になります。

利用の流れ

保護者が一時預かり事業を利用したい場合、市内共通ルールとして、利用を希望する保育施設に電話で相談の上、事前登録の手続きをすることになっています。

瀬川保育園では、登録希望があった際には、できるだけ親子来園を求め、「入園のしおり一時保育用」を使用し、利用にあたっての説明を行いながら見学を含めた1時間程度の親子面談を実施しています。そのなかで、担当保育士は保護者からお子さんの様子を聞いたり、子どもの様子や保護者の関わりを観察し、子どもや家庭の状況を理解するようつとめています。

利用にあたっては、一時保育申請書、保育園児童健康調査票とともに、病院から発行される児童健康診断書の提出も求めるなど、受け入れ時の安全性に配慮した対応がなされています。利用開始日から3日間は、給食後に保護者にお迎えに来てもらう慣らし保育期間にしています。

利用にあたり、来園での申し込みが必要です。保護者の仕事や入院などの理由で継続的に利用する人は予約票の提出により毎月1日から次月分の予約ができます。その他の理由で利用を希望する場合は、毎月11日10時から次月分の予約受付が始まります。空き状況の確認は電話でも可能ですが、電話で予約枠を抑えることはできないため、毎月11日には朝から園の前に列ができることもあるようです。基本は先着で申し込みを受け付けるため、定員以上の申込がある日はお断りすることもあり、待機状況になる家庭もあります。申込時に利用料の事前徴収も園で行っています。利用料は子どもの体調不良等やむを得ない理由でのキャンセルについては返金に応じています。しかし、とりあえず枠を押さえてあとでキャンセルされると、本当に使いたい人が使えなくなるため、自己都合でのキャンセルについては返金不可としています。

一時預かり事業の様子

幼稚園が夏休みとなる8月の午前中、その日の利用児童は、1歳児2名、2歳児3名、5歳児1名の6名でした。保育士は2名。せいなん幼稚園の専用室に、それぞれの椅子と机が用意され、みんなでタンポでお絵描きをしていました。保育士に声をかけてもらいながら、それぞれがお絵描きに熱中している様子が見られました。

専用室のロッカーには当日利用する児童の名前が取り付けられ、児童が自分の場所だと認識しやすい工夫がされています。

幼稚園の専用室には、調理場はありませんが、炊飯器が置かれ、昼食のご飯は専用室内で炊きます。おかずは昼食の時間に合わせてケータリングの台車で保育園から搬入されます。専用室には食洗器も設置され、食後の食器はその食洗器で洗浄します。

夕方には幼稚園が施錠されるため、16時半以降も利用する児童は荷物（お布団など）を持って瀬川保育園に移動します。

一時預かり事業の評価と課題

現場では、一時預かり事業の良い点を、リフレッシュやレスパイトを必要としている家庭のニーズに対応できていることだと捉えていました。利用を通してお子さんの悩みを相談される保護者も多く、特性があるお子さんなどを支援につなぐ機会にもなっていることは、保育所が地域に対して果たすことのできる役割の1つだと認識されていました。

一方で、一時預かり事業をもっとよくしていくためには、人件費の補助が上がることが必要だと考えられています。一時預かり事業の職員は誰でもよいというわけにはいかず、ベテラン保育士を複数配置することでようやく、子どもや保護者に寄り添えるのが実態です。経営面が安定しないと、一時預かり事業の継続自体が困難となってしまうなか、1事業単位で職員を複数配置することが可能となるように、補助金の在り方を見直すことが期待されています。

2-3　堺市の事例

堺市の一時預かり事業

大阪府堺《さかい》市では保育所等に通っていない、または在籍していない乳幼児に対して一時預かり事業を行っています。開設日は月曜日から土曜日。1日8時間、利用料の上限は給食費を含み3歳未満児で8時間の場合は2700円、4時間は1500円、3歳以上児で8時間は1900円、4時間で1100円となっています。しかし、開設日や利用料、開始時間及び終了時間、生後何か月から預かるかは施設が決めます。利用目的に応じた利用回数の目安として、就労（パートタイム就労等）は週3日程度、緊急（疾病、災害、事故、介護、冠婚葬祭）は1か月以内、私的（育児疲れ解消のためのリフレッシュ等）となっていますが、施設が任意に決めています。利用料の減免は各施設で任意におこなうことができますが、減免に要した費用は補助金で施設に補填されません。８時間の基本時間を超えて延長保育を実施した場合、事業を実施する上で必要となる実費等については別途延長保育料を徴収することができます。常勤の専任保育士１名以上の配置が必要となっています。

堺市内で一時預かり事業を実施している私立保育・教育施設は１３３か所、それに対して公立保育・教育施設は美原区の１か所です。

実施施設・みんなの保育園の場合

私立であるみんなの保育園では、２か月から一時預かりを受け入れています。専用室ではなく各クラスで在園児と一緒に生活をします。定員は０歳～５歳就学前まで各クラスに３名としていることから、合計定員18名です。１歳児クラスは常に３名入っています。登録児童数は各年齢10名程度。昨年度は延べ約３５０名が利用しました（月30～40名が利用）。利用時間は土曜日も含め9時～17時で延長保育も別途、利用料（1時間４００円）を払えば可能です。みんなの保育園では、基本は先着順で申込みを受けています。保育所に入園できなかったため、一時預かり事業を利用している保護者が多く、「就労理由」で予約がほぼうまる状況です。現在1歳児クラスで週3日と週2日利用している子どもが３人います。入園できる保育所を紹介する場合もありますが、乳児の保育料が高額なため保育料が無償化される3歳児まで一時預かり事業を利用するという保護者もいるようです。就労ではなく集団保育を経験させたいという要望も高くなっており、空いている日を何とか調整していますが、リフレッシュで預けたい保護者の要望に十分こたえることができないのが現状です。昼食はアレルギー食、離乳食もすべて対応しています。

職員配置については、クラスに一時預かり保育の子どもが入ることからクラス担任とその日の受け入れ人数や障害を持った子どもの受け入れ状況等をふまえ、相談します。担任は一時預かり保育の子どもが来ることを踏まえた週案を作成します。1歳児は利用希望が多いため、配慮の必要な子どもたちが重なった場合は利用日を変えてもらうよう保護者にお願いしています。しかし、障害児を受け入れても堺市から加算はないので園としての負担が大きいようです。そのため障害児の受け入れをしていない保育所も多いそうです。一時預かり保育の子どもを受け入れた場合はそのクラスに保育士1名をつけますが、職員に余裕がないので副主任や園長がはいることが多いようです。2024年から水曜日の園庭開放日にパート保育士を2名雇用したことから、職員に余裕のある水曜日に一時預かりの利用を勧め利用調整しています。

堺市の一時預かり事業の特徴

堺市では「堺マイ保育園事業」と「こんにちは赤ちゃん事業」、そして一時預かり事業の3つをセットで行わなければ一時預かり事業の補助金が出ないという独自の仕組みをつくっています。

堺マイ保育事業は1回だけ半日無償で保育所に子どもを預けることができる堺市独自の事業です。みんなの保育園では、堺マイ保育園事業を生後2か月から行っており、年15~20人の利用があります。一時預かり事業の「お試し」という位置づけですが、この事業の補助金はありません。また、大阪市や東大阪市では保健師や助産師が担っている事業を、堺市では「こんにちは赤ちゃん事業」(8)という名称で民間保育・教育施設が行っています。みんなの保育園は月２～５回、保育士が校区の家庭を訪問しています。

利用の流れ

保育園に、ホームページ、電話からの利用申し込みがあると、見学日程の調整を行います。見学に来られた時に園内を案内し面談を行っています。聴き取り、書類への記入、利用日の調整などを一人１時間程度かけて丁寧に対応しています。ならし保育は、半日を１回か２回行うことを基本にしていますが、「明日から仕事なので預かってほしい」など、保護者が緊急で希望している場合は１日預かるときもあります。ただし、子どもがまったく食べない、寝ないなど子どもに大きな負担がかかっていると判断した場合は、お迎えに来てもらう可能性があることを伝え、保護者の了解を得ています。週３回程度利用する子どもは慣らし保育で保育所の生活に慣れていきますが、週１回の子どもは毎回泣いていることもあります。眠れない子どもには１対１で対応しており、クラスから離れ抱っこして事務所につれていき、落ち着かせる場合もあります。堺市の担当からは、配慮が必要な家庭で、保育所側の受け入れができるのであれば、毎日の受け入れをしてほしいと要望されることもあります。保育士に余裕のない大変厳しい現状ですが、みんなの保育園は「福祉施設」という役割を意識し、できるだけ受け入れるよう努力しています。

一時預かり事業の評価と課題

発達が気になり、配慮が必要な子どもの保護者とは面談を行い、専門機関に繋げるよう促すなど、一時預かり事業は保護者支援、地域支援としてとても大きな役割を担い、必要な事業だと認識されています。子育てが孤立化し、身近に相談できる人がいない保護者も増えており、一時預かり事業は今後ますます必要な事業となります。しかし、昨年度は市から302万4000円（延べ利用児童数350名に対して）の補助金と利用料収入が74万1700円で、一時預かり事業を行いましたが、この376万5700円では正規職員1人を配置することもできません。とくに堺市では3事業をセット（堺マイ保育事業・こんにちは赤ちゃん事業・一時預かり事業）で行わないと補助金がでない仕組みになっているため、施設への負担が重く、事業の継続が難しくなっています。

また、配慮が必要な家庭でも、一時預かり事業の場合は、個人情報保護法に抵触するという理由で子ども家庭センターや家庭児童相談所から情報を得ることができません。入園前の面談では家族の状況が分からず、保育が始まってから子どもの状況を把握する場合が多々あり、保育士の負担が大きくなっています。在園児と同じように、関係機関との連携がとれるように至急、改善してほしいと思います。堺市では開設日や利用料、開始時間及び終了時間、生後何か月から預かるのか、障害児の受け入れなど施設が任意で設定することから、施設任せの一時預かり事業になっているのではないかと危惧されます。事業を継続させるためには補助金の充実が求められます。地域の中で子育て支援ネットワークをつくり、子どもたちの育ちと命を守っていくためには公立保育・教育施設が中心となり民間保育所や他の専門機関と連携していくことが求められます。公立保育・教育施設で一時預かり事業の実施カ所数を増やすことが必要ではないでしょうか。

注

８　「こんにちは赤ちゃん事業」（国の事業名は「乳児家庭全戸訪問事業」）
　生後４か月までの乳児のいるすべての家庭を訪問し、様々な不安や悩みを聞き、子育て支援に関する情報提供等を行うとともに、親子の心身の状況や養育環境などの把握や助言を行い、支援が必要な家庭に対しては適切なサービス提供に繋げる事業

3　一時預かり事業の課題と今後の方向性

1の概要でみたように、一時預かり事業は「一時預かり事業実施要綱」によって、「設備基準及び保育内容」や「職員の配置」についての全国的なルールは示されていますが、細かな運用については、各自治体や各事業所の判断に任されています。そのため、2で紹介した3事例の私立保育所においても、現場の実態、そして利用する子どもや保護者の実態を踏まえて、より良いあり方を模索し工夫するなかで、自治体や事業所独自の方針が設けられていました。

ここでは、事業の概要及び3事例の実態を踏まえ、現状の一時預かり事業における課題を明らかにするとともに、各現場の工夫等から目指すべき方向性について考えます。

3-1　一時預かり事業における課題
育児負担軽減としての役割を十分に果たせていない

今回の各事例では、一時預かり事業は、保護者の就労等、リフレッシュ、緊急（入院等）の3つが利用目的として位置づけられていました。そして、いずれの事例でも、保護者の就労等を理由に定期的に利用している家庭が一定数を占めており、リフレッシュ等育児負担軽減を目的とした利用は限定的でした。

例えば箕面市や堺市の事例では、就労等で定期利用する家庭の申込が優先して行われるため、リフレッシュでの利用を希望する家庭は、就労等による定期利用の実態に合わせて利用日や利用回数を調整していました。また、名古屋市の事例では、就労等とは別に、リフレッシュでの利用定員枠が設けられていましたが、ニーズに対して受け入れ枠が少ないために利用を断らざるを得ない状況がありました。

本来、一時預かり事業は、実施要綱の事業目的にも示される通り「日常生活上の突発な事情や社会参加などにより一時的に家庭での保育が困難となった場合」や「育児疲れによる保護者の心理的・身体的負担を軽減するために支援が必要な場合」に、保育所などで乳幼児を一時的に預かり、安心して子育てができる環境を整備することを目的とした事業です。このことを踏まえると、事例で優先されているような保護者の就労等を理由に定期的に保育を必要とする乳幼児への保育が対象ではないはずです。しかし、実際には事業目的に反して、一時預かり事業が週数日就労する家庭の受け皿となっている実態があり、その影響で、本来の事業目的であるリフレッシュ等での利用に制限がかかっています。

近年、保育所等を利用していない家庭における育児不安、育児負担感が高まっているなか、保護者の突発的な事情や、育児への心理的・身体的負担感の軽減などのニーズに対応できる受け皿を後回しにするのではなく、適正に整備することが、現状の一時預かり事業において非常に重要だといえます。

職員配置の想定が実態に合っていない

国の基準では、一般型のうち保育所等と一体的に実施し支援を受けられる場合には、保育士1名で対応することも可であり、さらに1日当たりの利用児童数がおおむね3人以下の場合には、保育士資格がない家庭的保育者等が1名で対応できることとなっています。また余裕活用型では、一時預かり事業を利用する児童のための追加の職員配置は求められていません。

しかし実際には、一時預かり事業は、集団での保育に慣れていない子どもたちが非連続的に利用する場であり、かつその保護者との信頼関係の構築も求められることから、高い専門性をもち柔軟な対応ができる経験豊かなベテラン保育士が対応する必要があります。このことは、いずれの現場においても認識されていました。また、箕面市の事例では定員10名（実利用数8名程度）に対して正規1名、非正規2名の計3名の保育士が配置されていました。名古屋市の事例では定員12名（実利用数8～10名）に対して正規1名、非正規2名の保育士と、無資格者1名の計4名が専属で配置されるとともに、0歳児や特に支援が必要な児童の利用が予定されている際には、保育士が1人の子どもにつきっきりになってしまう可能性も考慮して、受け入れ人数を減らすなどの調整が行われていました。

一方、堺市の事例では、通常の保育と合同で一時預かり事業を実施するという余裕活用型に近い形態がとられていました。ただし堺市では一般型として実施されているため、例えば1歳児クラスに2名の一時預かり事業の利用があった場合にはそのクラスに1人の担当保育士を配置するというような対応がなされていました。しかし、専任保育士の配置があっても、気持ちが不安定等で、別室での１対１の対応が必要な子どもがいる際には人手が足りず、副主任や園長が応援に入っていました。

これらの実態を踏まえると、現状の国の職員配置基準が不十分なことは明らかです。このような条件で無理な受け入れをすると、園長等がサポートに入らなければならない頻度が高まり、通常の保育に影響を及ぼすことになりかねません。あるいは、泣いている子どもがいても対応できる者がいないなど、子どもの気持ちが置き去りにされた保育が行われることになり、安全面での心配も出てきます。また、そのような保育環境では保護者との信頼関係の構築も困難となることは明らかです。

不十分な財政措置での運営が強いられている

現在、一般型の一時預かり事業については、例えば「年間延べ利用数２０００人（１５００人～２１００人）」（平日１日８名程度の利用）の運営費基準額は、すべて保育士の場合４７９万７０００円（保育士以外を含む場合は４６２万２０００円）です。それに利用料の平均額（２５００円）×延べ利用数（２０００人）で算出される利用料収入５００万円を加えると、９７９万７０００円になります。先の職員配置の事例では１日８名程度の利用がある場合、ベテラン保育士を含む３名の保育士配置が必要だと考えられていましたが、この金額では平均年収（３８５万３６００円）[9]の保育士を2・5名しか配置できません。

また、平日に1日5名程度で実施しようとする場合「年間延べ利用数1300人（900人～1500人）」の運営費基準額は332万1000円（すべて保育士の場合）であり、利用料の平均額（2500円）×延べ利用数（1300人）で算出される利用料収入325万円を加えても657万1000円です。これでは、平均年収の保育士を1・7名しか配置できず、保育士の複数配置が保障される金額ではありません。

さらに1日当たりの平均利用児童数がおおむね3人以下の施設をみると、「年間延べ利用数750人（300人以上900人未満）」の運営費基準額は310万5000円であり、利用料の平均額（2500円）×延べ利用数750人で算出される利用料収入187万5000円を加えると498万円となり、これは平均年収の保育士1・3人分です。

ただし、これらは見込み数の利用が実際にあり、利用料収入も予定通り入った場合の数値です。毎日定員を満たす申し込みがあるとは限らず、さらに直前のキャンセル等で利用料が徴収できない場合もあるため、実際には試算以上に運営は深刻です。また、運営費からは人件費以外のものも賄わなければなりません。

一時預かり事業は高い専門性と柔軟な対応が求められることからベテラン保育士を配置する必要があり、かつ集団保育に慣れていない子どもたちを対象とするため通常の保育よりも手厚い職員配置が必要です。しかし、現状の補助単価では、正規雇用のベテラン保育士を含めた人件費を賄うことさえ困難であり、事業所の持ち出しになる場合もあります。

保育所等の事業所が無理なく一時預かり事業を開設し運営できるようにするためにも補助単価の引き上げは急務だといえます。

特別な支援を必要とする児童の受け入れが困難

各事例から障害児の受け入れについては、そもそも市として行っていなかったり（箕面市）、受け入れていても加算がつかない（堺市、名古屋市）実態があることも把握されました。補助金の障害児加算は、職員の加配をつけることで受け取ることができる仕組みとなっていますが、実際には一時預かり事業という一時的な利用に対して障害児加配の職員を配置するというような柔軟な対応ができる人的余裕は現場には無く、障害児加算の制度は非常に活用しにくい状況にあるようです。

さらには近年、医療的ケア児の受け入れについてもニーズが高まっていますが、看護師の配置が必要になるなど、障害児の受け入れと同様、人的配置等の対応に課題があります。

なお、堺市では、一時預かり事業を１区を除き公立では実施していません。そのため、障害児や要配慮家庭が一時預かり事業を希望するものの、条件が整わず受け入れができないとなった時には、市の担当課から事例で紹介したような私立の保育所に対して受け入れを依頼する状況があるようです。事例の保育所では、「うちの園がもし受け入れなければ、この家庭はどうなるのか」

「この子を守りたい」という強い思いで、緊急の案件も含めてできる限り受け入れているようです。しかし、虐待等リスクが高い子どもを受け入れる場合であっても、一時預かり事業においては個人情報保護法に抵触するという理由から子ども家庭センターや児童相談所の情報を得ることができないなどの制限があり、私立の施設では安全安心に受け入れるのが困難な実態もあるようです。

以上を踏まえると、一時預かり事業においては受け入れ体制の確保と補助金の仕組みとのミスマッチから、障害児や医療的ケア児を受け入れることへのハードルが高いこと、また特に私立の事業所においては要配慮家庭等の個人情報の把握にも課題があり、特別な支援を必要とする児童の受け入れを困難にしています。

3-2 一時預かり事業の目指すべき方向
育児負担軽減を目的とした利用を促進する

一時預かり事業の課題として、保護者の就労等での利用が優先されるために、育児負担軽減を目的としたリフレッシュ利用の受け皿が十分に確保されていないことが挙げられました。今後は、この課題に対応するため、各市町村のニーズに応じて、一時預かり事業を実施する事業所数を増加させることが求められます。

しかしそれだけではなく、現在、就労等を理由に一時預かり事業を定期利用している家庭の乳幼児を、通常の保育所利用へとつなぐことも同時に検討すべきです。

保育の必要性の認定における「保育短時間認定」は、保護者の就労時間が1か月当たり48～64時間（この範囲で市町村が定めた時間）以上であれば受けられることとなっています。そのことを踏まえると、週に2～3日以上定期的に保護者が就労し保育を必要としている家庭に対しては、各自治体が保育認定を行い、保育所等を利用できるよう利用調整がなされるべきであり、そのニーズを見込んだ保育所等の受け皿確保が求められます。

事例からは、保育所への入所を希望していたものの入所できなかったために、仕事の日数を調整することで一時預かり事業を利用している家庭があることも把握されました。自治体は待機児童対策のツールとして一時預かり事業が利用されている実態に目をつむるのではなく、保護者の就労状況等家庭の実態に合わせて、保育所及び一時預かり事業が適正に利用されるよう保育環境を整備、斡旋することが必要です。

また、現場からは、保育料が高いことから保育所等を利用せず、保育料が無償化される3歳児までは一時預かり事業を利用することで保育料を節約している家庭があるという実態も耳にしました。本来であれば保育所等での継続的な保育を必要とする家庭が、保育料負担を理由に保育所等の利用をあきらめる現実があることも注視し、保護者の所得格差が乳幼児の保育環境格差を生まないような仕組みが検討されなければなりません。現在検討が進められている0～2歳児の保育の無償化はその一つの解決策だと考えられます。

ニーズに応じて一時預かり事業の新たな設置を進めること、そして現状の定期利用者が保育所等へ入所できる状況をつくることによって、一時預かり事業の利用枠に余裕ができます。そのうえで、一時預かり事業が就労等を支援するための事業ではなく、リフレッシュ等や緊急時の利用を目的とした事業であることの認識が広がることで、保護者がリフレッシュやレスパイトとして利用がしやすい環境が生まれることが期待されます。

適正な職員配置基準を設け必要な財政的基盤を確保する

職員配置においては、一時預かり事業は日々異なる異年齢の子どもを受け入れる必要があり、かつ保護者支援も求められることから、専任かつ経験豊かなベテラン保育士を含んだ配置が必要です。また集団での保育に慣れていない子どもたちが対象であるため、保育所よりも高い職員配置基準を設けるべきです。

事例では、先に書いたように箕面市で保育士3名（正規1名、非正規2名）で8人程度、名古屋市で職員4名で10人程度の子どもを受け入れることを基本としながら、利用する子どもの状況に応じて、受け入れ児童数を減らす調整がなされていました。その日利用する子どもの状況（年齢や利用歴）に左右されることが多く一概に基準を決めることの困難さがあるものの、これら事例の実態を踏まえると、一般型（専用室）にて一時預かり事業を行う場合、ベテラン保育士を含む2名の保育士に対し子ども5名程度を基本単位とすべきです。そして8名の児童には3人、10名の児童には4人と、受け入れ児童数の規模に応じて同割合で職員を追加配置していくことが必要です。このような認識が国や自治体にも浸透し、実施要綱の職員配置基準が見直されること、そして補助金額にも反映されることが望まれます。

また、余裕活用型では現状の基準では一時預かり事業を利用する児童のための追加の職員配置は求められていません。しかし、通常保育の担任保育士だけで一時預かり事業の児童にも対応するのは困難です。一時預かり事業の子どもへの心理的負担感も大きく、また通常保育の子どもたちの生活にも大きな影響を与えることが予想されます。そのため余裕活用型においても、一時預かり事業担当の保育士が配置されるよう基準の改訂と、それに見合った補助金額の設定が必要です。

子どもが安心して過ごせる環境を目指して

こども家庭庁では、一時預かり事業は「親のための制度」、こども誰でも通園制度は「子どものための制度」という説明がなされているようですが、今回の3事例においてはいずれも、「子どもが安心して過ごせるように」という子どものことを何よりも大切にした検討・対応がなされていました。こども家庭庁の説明を踏まえると、現行の実施要綱だけでは、〝子どもにとって〟必要な環境を保障するには不十分であり、具体的な指針等が求められそうです。3事例における工夫をもとに「受け入れ時」、「生活時間」、「保育環境」について考えてみましょう。

(1) 受け入れ時には対面での親子面談等でいつもの子どもの様子を把握する

初めて利用を申し込まれる家庭には、いずれの事例においても30分～1時間程度の事前面談や施設案内を実施することが大切にされていました。親子で来園してもらい、子どもの好みの遊び、食事や睡眠時の様子などを一時預かり事業の担当保育者や園長らが保護者に聞き取りながら、保護者の子どもへのかかわり方、子どものいつもの姿や様子などを観察・把握し、記録し、保育担当者間で共有できるように工夫されていました。また、名古屋市では同一施設内で実施されている「子育て支援センター」へ親子で事前になるべく多く通うよう促すことを通して、子どもに施設への安心感を与えるとともに、保護者といる時の子どもの姿を知るようにすることが大切にされていました。さらに一時預かり事業を開始する際には、いずれの事例においても原則、短時間保育（いわゆる「慣らし保育」）を1日～数日実施することで、子どもが徐々に保育所での生活に慣れることができるように段階的な受け入れが考えられていました。

子どもを安心安全に受け入れるうえで、受け入れに際して対面による事前親子面談や、慣らし保育を行うことが、非常に重要な役割を担っています。今後、受け入れ時の対応についても実施要綱等に明記されることが望まれます。

(2) 子どもにとっての生活時間を考える

3つの事例においては、いずれも保護者の都合に合わせた細切れの時間ではなく、子どもの生活リズムに合わせた時間を確保する視点が大切にされ、それを保障する半日や1日単位の料金体系が各自治体において採用されていました。

今後、保護者の就労ではなくリフレッシュ等による利用が進められるなかでも、１時間○円など細切れの時間を設定するのではなく、その日の一時預かり事業での子どもの生活を軸とした開設時間や料金設定をすることが必要です。

また保育士が一時預かり事業での１日の様子や、子どもの姿を丁寧に伝えることで、「子どもにとっての生活時間」という視点が、保護者にも大切にされるようになると期待されます。

⑶　子どもにとって安心できる環境づくりを心掛ける

事例では、一時預かり事業を利用する子どもが自分の場所だと認識できるように一人ひとりの名前やマークを付けたり、子どもが普段愛用していて安心できるお布団やタオルを持参してもらうよう働きかけていました。また、子どもたちが楽しいところだと感じられる手作りのおもちゃをいっぱい用意するなど、普段とは異なる環境をいかに子どもが安心できる環境にしていくかについても大切にされていました。そのような環境を子どもたちに保障するため、一時預かり事業には専用室を設け保育を行うことが重要だと考えます。

専用室が構造上どうしても設けられない場合でも、事務室内に落ち着けるスペースを用意するなどの空間を確保することが必要ではないでしょうか。在園児との合同を前提とするのではなく、安心できる空間と、安心できる保育者を確保しながら、時には状況に応じて在園児と合同で遊んだり、お散歩に行ったりする機会や環境が調整されることが望まれます。なお、安心できる保育者がいつもいる状況をつくるという観点からも、担当保育者は複数名配置されることが必要です。

また、子どもが安心できる環境を継続的につくっていく上では、記録も大切です。面談時だけでなく利用時の子どもの様子を丁寧に記録し、次回の利用時につなげること、保育士間で共有することが継続的な安心感につながっていくといえます。

保護者を支援できる体制や環境の整備を

一時預かり事業の担当保育士が、子どもの様子を保護者に丁寧に伝え信頼関係を築いていくなかで、保護者も家庭での子どもの様子や悩みを保育士に話せる関係が生まれることが事例からも確認されました。また、一時預かり事業を利用する家庭が、孤独な子育てにならないよう保護者同士のつながりをつくるサポートを行なったり、子どもの特性に応じて専門機関とのつながりをつくることも一時預かり事業を担当する保育士には求められていました。

このような高度な対応が日替わりの保護者との間で求められることからも、必ず専任の正規職員を置くとともに、担当職員だけで課題を抱え込まないように組織的に対応できる環境を保育所等全体でつくることが望まれます。

また、必要な時に保護者の話をうかがえるゆとりある職員体制や、相談室等の空間確保など、保護者を支援できる環境の整備も重要です。

特別な支援を必要とする児童を受け入れる仕組みづくりを

課題にもあげた通り、現行の補助金における障害児加算は、職員の加配をつけることで受け取ることができる仕組みとなっていますが、実際には一時的な利用に対して障害児加配の職員を新たに配置するというような対応は非常に困難で活用されていない実態がありました。

一方で、特別な配慮が必要だと事前の親子面談や、前回の利用時の様子から把握された児童からの利用希望があった際には、その他の受け入れ児童数を減らすよう調整を行なったりなど、もともとの体制のなかで受け入れができるようにやりくりをしている実態がありました。今後、このようなかたちで障害児等を受け入れる際にも加算を申請できるよう、補助金の仕組みや手続き方法が現場の実態に沿ったものになることが望まれます。

また、障害児や医療的ケア児など、特別な支援を必要とする児童がいる家庭が、継続的な保育を希望する際には、一時預かり事業の枠組みだけで対応しようとするのではなく、保育が必要な要件とみなすことも考えるべきです。これらの家庭が保育所を利用できるようにするために、保育所で必要な受け入れ体制をつくることや、関係機関と連携調整することも検討すべきではないでしょうか。

事例からは、虐待等リスクが高い家庭を受け入れる際の個人情報の把握に関する課題も挙げられていました。公立保育所等において一時預かり事業が実施されている場合は、そのようなケースに関しては公立施設で受け入れ、行政の関係部署間での連携を取り対応することが望まれます。

見方を変えると、そのようなケースに備えて公立施設を一定整備しておくことが必要だともいえます。ただし、公立施設がない場合、対応を行う私立施設に丸投げするのではなく、自治体の担当課が情報の共有や関係機関との連携等を担うことが最低限必要です。

一時預かり事業を地域の子育て支援に位置付ける

各地域において育児負担等を抱える家庭の一時預かり事業の利用を進めるにあたっては、利用枠の確保だけではなく、そのような家庭が一時預かり事業につながることができるようなきっかけづくりも大切です。

堺市では、一時預かり事業のお試し版として無償で半日間利用できるサービスがマイ保育事業という名称で生後2か月以降の家庭を対象に実施されていました。また名古屋市では、親子で利用する地域子育て支援センターの中で、一時預かり事業の利用のきっかけづくりがなされていました。

ただし、堺市のお試し版は、初めての子どもを半日間預かるという、非常に専門性が求められる状況で受入体制も綿密に整える必要があるにもかかわらず、無償利用分の補助が市から補填されていません。これでは、受け入れる事業所と保育士の負担が大きく、さらに初めて利用する子どもや保護者にとっても不安感が大きい仕組みとなっています。

一方、名古屋市の事例では、保育所で実施される地域子育て支援センターを親子が利用するなかで、一時預かり事業の存在を知り利用につなげる形態がとられていました。これは、子どもや親にとっては親子で過ごした経験となり、顔見知りの保育士がいる環境であるという安心感につながるとともに、保育士も親子の「いつも」の様子を事前に知ることができ受け入れの際の見通しを持つことへとつながるため、理想的な仕組みだといえるのではないでしょうか。

地域子育て支援拠点事業等、地域の親子に向けて取組みへの参加を働きかける広報を積極的に行うこと、またそれらを通じて一時預かり事業の存在を知ることができる機会をつくり、リフレッシュ等での利用への働きかけを行うことが、ニーズをキャッチし支援することへと繋がります。一時預かり事業を実施するにあたっては、受け皿を用意するだけでなく、親子のニーズをキャッチするための地域にひらかれた仕組みづくりや、そのための予算措置が各自治体において今後さらに進められることに期待します。

注

9　厚生労働省「令和5年賃金構造基本統計調査」

第4章　こども誰でも通園制度にどう対応すべきか

第4章では、第1章～第3章を踏まえ、こども誰でも通園制度の問題点をまとめた上で、市町村、事業者、労働組合がどう対応すべきかを考えます。

1　こども誰でも通園制度の問題点

低い基準、無理な利用方法による保育上の問題

こども誰でも通園制度の人員配置、設備基準は一時預かり事業にそろえる方向で検討されています。一時預かり事業の場合、保育者のうち2分の1以上を保育士にするとなっているため、保育士資格がなくても保育に従事することができます。また、1日あたり平均利用児童数が概ね3人以下の場合、市町村長が行う研修を修了した者を保育士とみなすことができるとなっています。試行的事業でも1日あたり平均利用児童数が概ね3人以下に該当する事業者が一定数存在するため、この事業のために新たな保育士を1名も配置しない事業者が出てくると思われます。

こども誰でも通園制度は、子どもの成長の観点を重視しているといいつつ、柔軟な利用も保障

するような制度になっています。そのため第1章で見たように、定期利用と自由利用が設定されています。自由利用のイメージとして、たとえば「継続して利用する事業者を2、3か所決めて利用する方法」が示されています。こども誰でも通園制度は月10時間までの利用で、それで複数の事業者を使うと、1事業者当たり1か月で1回程度の利用になります。事業者が複数の保育者でこども誰でも通園制度を運営する場合、子どもを担当する保育者が毎回異なるかもしれません。

こども誰でも通園制度では、面談が必要ですし、受け入れる前にはシステム上で共有される情報の確認をしなければなりません。また、指導計画の作成、記録の作成も必要です。しかし、事業者の収入は利用時間に応じて決まるため、第1章でみたように利用者の支払いが想定されていない面談などについては、別途経費が保障されるのではなく、利用時間に含まれたものとみなされます。そうすると場合によっては、これらの軽視、特に自由利用の場合は経費面からみて、適切な対応が困難になりそうです。

これらのことから、まず重大事故につながる可能性が大きいのではないかと懸念します。2023年の1年間で、保育所、認定こども園、幼稚園等で発生した事故は2121件、うち死亡事故は6件です。その死亡事故を年齢別に見ますと、0歳が4件、1歳と2歳が1件です[1]。0～2歳児は事故のリスクが高いといえますが、こども誰でも通園制度の人員配置基準は低く、専門的な対応ができるかどうか疑問です。基準は一時預かり事業と同じですが、第3章で見たように一時預かり事業の基準では適切な保育を展開することが難しく、所長や主任が援助に入るなど、保育所で人員をやりくりして対応しているのが大半でした。全国一斉にこども誰でも通園制度が始まり、０～２歳児の対応に十分慣れていない事業者、コスト削減を優先する事業者等が参入した場合、特に事故発生の危険性が高まるのではないかと懸念されます。

もう一つは、適切な保育を子どもに提供できるのかという問題です。自由利用の場合、１週目はA事業者を２・５時間、２週目はB事業者を5時間、３週目はC事業者を２・５時間というような使い方が可能です。預ける方はそれでいいかもしれませんが、事業者の方はそれで適切な保育が提供できるでしょうか。こども誰でも通園制度を使うためには事前に面談が必要ですが、面談だけで子どもの性格などを把握するのは困難です。実際に子どもを保育していると、様々なことが分かります。しかし自由利用の場合、慣れない子どもはほとんど泣き続け、それで時間をすべて使い切るかもしれません。１か月後に再びその事業者を使っても、また同じことが繰り返されるかもしれません。こども誰でも通園制度では、「全てのこどもの育ちを応援し、こどもの良質な成育環境を整備する」としていますが、月10時間という短時間を細切れに利用し、自由利用まで設定して、はたして適切な保育が提供できるでしょうか。

不十分な財政措置による事業者への弊害

試行的事業では、事業者にとって子ども1人、1時間あたり８５０円の収入でした。これではあまりにも少なすぎ、本格実施の２０２６年度に必要な事業者を確保することはほとんど不可能な状態でした。試行的事業を実施した地域からあまりにも安すぎるという声が出され、2025年度は、0歳児は1300円、1歳児は1100円、2歳児は900円（1人1時間当たり）に変更されます。この単価で2026年度以降も取り組んだ場合、今回の引き上げで事業として成り立つかを考えてみます。仮に、午前2・5時間、午後2・5時間の2回制で子どもを預かるとしたら、概ね以下のようなスケジュールになります。

・9時～9時30分：準備、情報の確認
・9時30分～12時：午前の部
・12時～12時30分：後片付け、記録
・12時30分～13時30分：休憩
・13時30分～14時：準備、情報の確認
・14時～16時30分：午後の部
・16時30分～17時：後片付け、記録

これ以外に面談、相談、指導計画の作成などがありますが、それらを含めなければ1日の勤務時間は7時間になります。午前、午後とも0歳児1名、1歳児・2歳児2名ずつ、計5名を受け入れるとし、保育者は保育士とそれ以外が各1名だとします。この場合、子どもを10人受け入れますので、1日の収入は、1300円×2・5時間×2人＋1100円×2・5時間×4人＋900円×2・5時間×4人で2万6500円です。このうち、20％を光熱水費や消耗品費に充て

ると、人件費に充てることができるのは2万1200円です。
２０２５年1月時点で大阪府の最低賃金は１１１４円です。保育士以外の1名を最低賃金で雇用するとしたら、１１１４円×7時間＝７７９８円です。これに社会保険料の雇用主負担、通勤費を加えると1万円程度になるでしょう。そうすると残りは1万１０００円程度で、ここから社会保険料の雇用主負担、通勤費を引くと、おそらく最低賃金をやや上回る程度しか残りません。このような条件で、働いてくれる保育士を探さなければなりませんが、保育士不足の中ではほぼ不可能でしょう。

上記の計算は午前、午後とも定員が埋まるという前提です。空きができると、たちどころに赤字になります。もしくは定員を増やすということも考えられますが、第2章、第3章で見たように、試行的事業、一時預かり事業は、保育者にとって負担が大きく、最低基準まで定員を引き上げることは難しいといえます。保育所に慣れずに泣き続けている子どもがいると、1人の保育者はその子どもにかかりっきりになり、もう一人の保育者が残りすべての子どもを担当しなければなりません。

もしくは、光熱水費、消耗品費などはこども誰でも通園制度の収入から出さずに事業所内でやりくりする、おもちゃなどは手作りに徹する、自転車か徒歩で通勤できる人を雇用する、面談、相談などの時は園長などが保育の交代要員として入り勤務時間内で対応する等々、このようなことができれば、人件費に回せるお金を増やすことができます。ただ、それでも1日当たり1万50

00円を切り、月給に直すと税込み、交通費込みで30万円程度、年収に直すとボーナスがないため税込みで350万円程度です。こども誰でも通園制度で預かる子どもは0～2歳児、いろいろな子どもが利用するため、十分な経験を有する保育士が望ましいとされています。第3章で述べましたが一時預かり事業でもそのようなことが強調されていました。保育士不足に直面している現在、十分な経験を有する保育士をこの金額で確保するのはかなり困難でしょう。

2025年度は先に述べた単価で進めるようですが、2026年度以降は公定価格を設定するようです。現場の声を十分に反映した公定価格にしなければなりません。また、第2章でも書きましたが、こども家庭庁が設置したこども誰でも通園制度の制度化、本格実施に向けた検討会でも、定員が常に埋まるとは考えられず利用時間数だけで考えるのではなく運営に対する基礎経費を保障すべきではないかという声が上がっていました。このような意見も考慮すべきです。そうしなければ、きちんとした保育を提供しようとする事業者の場合、経費的にマイナスになる可能性が大きいと思われます。言い換えると、この金額で収支が合うようにコスト削減できた事業者しか参入できないということです。

通常保育などへの支障

第1章で見たように、余裕活用型の場合、こども誰でも通園制度を利用する子どもは在園児と一緒に、在園児のクラスで保育を受けます。また一般型でも専用室がない場合は在園児と一緒に保育を受けます。特に前者の場合は、在園児のクラスを担当する保育士が、こども誰でも通園制度の子どもを担当します。

こども誰でも通園制度を利用する子どもは、定期利用であっても週1回程度、自由利用の場合はそれよりも利用頻度が少なくなります。そのため、保育所や担当保育者などに十分、慣れていない子どもが少なくないと思われます。そのような子どもが在園児のクラスに入ることで、クラスが落ち着かない、保育士がその子どもに付きっきりになり在園児に手が回らないなどという事態が起こりかねません。そうすると在園児の保育に支障が出ます。

第2章、第3章で見たように、園長などが試行的事業、一時預かり事業に入り、保育を担当していました。一時預かり事業の場合、週3回程度利用する子どももいますが、こども誰でも通園制度を利用する子どもは利用頻度の高い子どもでも週1回程度であり、一時預かり事業以上に子どもに手がかかりそうです。一方、先に見たように事業者に対する財政措置が不十分で、最低限の保育者しか雇用できないでしょう。そうすると園長などがこども誰でも通園制度の保育に係る時間が増え、園長の本来業務に支障がでると思われます。

また、こども誰でも通園制度の財政措置が不十分なため、こども誰でも通園制度の予算で確保すべき光熱水費、備品費、消耗品費などを、事業所全体の予算の中からやりくりしなければならないでしょう。そうすると本来、在園児に使われるべき予算が削減されることになります。

さらに、こども誰でも通園制度の財政措置から判断すると、こども誰でも通園制度と一時預かり事業を一体化して実施する事業者が増えると思います。一時預かり事業はそれだけでも保育者の負担が大きな事業ですが、そこにこども誰でも通園制度が加わると、従来の一時預かり事業に支障が出かねません。

公的責任の発揮困難と後退

第1章で見たように、こども誰でも通園制度は、児童福祉法では乳児等通園支援事業と位置付けられ、児童福祉法第34条の15で「市町村は、家庭的保育事業等又は乳児等通園支援事業を行うことができる」とされました。こども誰でも通園制度は、市町村が担当しますが、市町村が市民の期待に応える業務をこなすことができるかどうかが重要です。

たとえば、こども誰でも通園制度を利用する場合、保護者がシステムを利用してスマートフォンなどから面談を申し込み、面談後、システム上で利用予約をしなければなりません。また利用には1時間あたり300円かかります。何らかの事情でネグレクト状態になっている保護者が、予約をして、お金を支払って、こども誰でも通園制度を活用する可能性は低いでしょう。それに対して政府は、「こども誰でも通園制度では、認定の申請をする人としない人や、認定を受けた上でどの程度利用しているかを自治体が把握することができます。自治体は、こうした情報を活用して、支援が必要な児童等の把握につなげる」と説明しています。

確かに市町村はシステム上で、認定の状況や利用状況を把握することはできます。しかし、そのためにはそれを業務とする職員を確保しなければなりません。２０２５年度の予算を見ますと、こども誰でも通園制度（乳幼児等通園支援事業）を実施する市町村に対して、「指導監督員の雇上げに必要な経費」がついていますが、ほぼすべての市町村が該当する人口50万人未満の場合、年間で４５６万円です。この金額では正規職員を雇用するのは困難です。後でも見ますが、こども誰でも通園制度によって、様々な業務が発生します。定型的な業務に加え、保護者に対する情報の提供、助言、支援が必要な家庭への対応、関係機関との日常的な連携の構築、医療的ケア児への対応など、非正規職員が１人で行うのはほぼ不可能でしょう。そうなると、定型的な業務を優先するため、こども誰でも通園制度では、もっとも支援が必要な子どもや家庭に手が届かないということになります。

政府は「デジタル行財政改革取りまとめ２０２４」を発表しており、その中に「保活ワンストップシステムの全国展開」があります。そこでは「「保活」に関わる様々な情報を整理し、保活情報連携基盤（２０２５年度中に「こども誰でも通園制度（仮称）総合支援システム」の改修の中で構築予定）を構築する」としています。[2] これはこども誰でも通園制度で開発するシステムを、保育所の入所申請にも活用するという考えです。ただしこれは入所申請だけの話ではありません。政府は「オンライン申請の情報を、自治体の業務システムに自動的に取り込みＡＩマッチング等を活用し業務を効率化」することで「保育認定、点数計算、施設割振等に係る担当者の事務負担」軽減を進めるとしています。どの子どもをどこの保育所等に入所させるかまで、システム、ＡＩで行い、「入所決定通知までの期間を短縮」するということです[3]。保護者はスマホなどを通じて、入所申請から入所決定通知の受け取りまで行うことになります。

今の制度では、スマホなどに決定通知が届いたら、保護者はその保育所などとやり取りを行い、受け入れが了解されると、保護者は再び行政に連絡して、行政と利用契約を結ぶことになります。しかしこれだと手続きが煩雑になるということで、保護者が再び行政に連絡せず、保育所などと直接、利用契約を行う直接契約方式に移行させようという話へ進むでしょう。第1章で見たようにこども誰でも通園制度は、直接契約方式です。

現行の保育制度は、国が最低基準を定め、それに基づいて保育を実施するために必要な経費を行政が負担しています。そして、私立保育所を利用する場合であっても直接契約方式ではなく、公立、私立を問わず行政と保護者が契約を結んでいます。そのため、私立保育所の保育内容等にも行政は責任を持ち、万が一、私立保育所で事故などが発生した場合も、行政の責任が問われます。手続きの効率化、業務負担の軽減を進めるためにデジタル化を導入するのであればいいですが、それを通じて行政責任をあいまいにするような制度改革、直接契約方式への移行まで展望するのであれば、保育制度全体にとって大きな問題となります。政府はこども誰でも通園制度で開発するシステムを保育所本体にも展開しようとしているため、今後の進展に注意しておくべきです。

新たな国民負担で実施

こども誰でも通園制度は２０２４年度からスタートした異次元の少子化対策の一部です。異次元の少子化対策は、児童手当などの経済的支援、こども誰でも通園制度などのすべての子ども・子育て世帯に対する支援の拡充、共働き・共育ての推進からなり、各々の予算は、１・７兆円、１・３兆円、０・６兆円で、合計３・６兆円です。財源は、既定予算の組み換えが１・５兆円、歳出改革が１・１兆円、子ども・子育て支援金制度が１兆円です。

子ども・子育て支援金制度は、第１章で見たように、こども誰でも通園制度が本格実施される２０２６年４月から徴収されます。これは、医療保険に上乗せして、国民から徴収する仕組みです。負担額は保険制度によって異なりますが、平均で月７００円〜９００円程度、収入の多い人は１０００円を超えそうです。結局、高齢者も含めすべての国民から徴収する仕組みであり、増税と同じです。

そもそも、保険制度は、いざ病気になった時などお互いに助け合う制度で、すべての国民が加入しています。子ども・子育て支援金は医療保険に入っているすべての加入者から集めるため、今後、子育てをする可能性がない人からも徴収することになり、保険制度の根幹を揺るがします。

歳出改革も、高額医療費自己負担額の見直し、年金の実質的な引き下げ、介護保険料や後期高齢者医療保険料の引き上げ、自己負担額の引き上げなど、市民、高齢者の負担増です。

結局、高齢者をはじめとした多くの国民の負担増によって、こども誰でも通園制度の財源を確保しようとしています。

2　市町村はどう対応すべきか

基本的な視点

２０２６年4月からすべての市町村でこども誰でも通園制度を実施することになります。政府は「給付制度となることで一定の権利性が生じる」、「全国どの自治体でも共通で実施する」と繰り返し強調しています。しかも、保護者は医療保険に上乗せする形で経費を負担しています。一方、保育士不足は深刻で、こども誰でも通園制度でニーズに対応できるだけの定員を確保できるかどうかは分かりません。そうすると、なぜお金を払っているにもかかわらず、利用できないのかというクレームが市町村に押し寄せるでしょう。

事業者からは、一時預かり事業を実施するだけでも大変なのに、採算がとれるかどうかわからないこども誰でも通園制度まで手を出したくないという意見がでるでしょう。一方、公立保育所は民営化等で減らしているため、公立保育所だけではニーズに対応できない市町村が多いはずです。このままですと、市町村は保護者と事業者の板挟みにあいそうです。

0歳から2歳児の未就園児を抱えている家庭で育児不安が蓄積しているのは事実です。こども誰でも通園制度は、市町村が実施する事業ですが、市町村ときちんと議論したうえで決めたものではなく、国がほぼ一方的に決めたものです。その責任を市町村がすべて負うのは理不尽なことです。「はしがき」で書きましたが、私たちの研究会としては、こども誰でも通園制度は撤廃して、一時預かり事業の抜本的な拡充で市民ニーズにこたえるべきだと考えています。しかし、直ちにそれが実現できない場合は、こども誰でも通園制度の抜本的な改善を市町村から政府に要望すべきです。その内容は以下のようになります。

・こども誰でも通園制度を通じて、子どもに適切な保育を提供できるように、基準を引き上げること

・こども誰でも通園制度が事業として成立するように、保育単価を引き上げると同時に、基礎的な経費を保障すること

・市町村がこども誰でも通園制度によって地域全体の子育て環境を改善させることができるように、市町村に対する補助制度を充実させつつ、市町村の権限を保障すること

市町村は国に対してこのような働きかけをしつつ、２０２６年度からの本格実施を念頭に置き、以下のような対策を進めるべきです。

事業者を含めた検討会の設置

２０２６年度からの本格実施に向け、市町村は気が遠くなるような仕事をこなさなければなりません。ただしそれを、市町村とコンサルだけで行うのではなく、事業者、保護者を含めた検討会を設置し、議論しながら進めるべきです。国からやれと言われたから仕方なしにやるのではな

く、これを活用して地域の子育て環境を少しでも改善すること、これをきっかけに事業者との連携を深めること、そのような視点に市町村は立つべきです。

保護者については、医療的ケア児を育てている保護者、障害のある子どもを育てている保護者等の意見が、検討会に反映できるように工夫すべきです。事業者は特定の事業者だけにせず、広く参加を呼びかけ、私立だけでなく、公立施設の施設長も参加すべきです。

事業内容と供給体制の検討

まず、市町村は保護者に対してニーズ調査を行い、こども誰でも通園制度でどの程度の定員が必要かを想定しなければなりません。政府から具体的な調査方法が示されると思いますが、政府の示した内容をそのまま使うのではなく、先の検討会で事業者、保護者の意見を聴きながら、調査方法を決めるべきです。

ニーズ量が想定できた後は、そのニーズ量を踏まえ、どのような方式で実施するのが望ましいかを検討すべきです。こども誰でも通園制度は同じ年頃の子どもとの触れ合いを重視しているため、3号認定を受け入れている保育所、認定こども園、地域型保育事業での受け入れが基本となります。ただし、適切な保育が提供できるのであれば、幼稚園、地域子育て支援拠点事業所も対象になります。

先に書きましたが、利用方式は定期利用を基本にすべきです。また実施方法は、一般型（専用室）にすべきです。余裕活用型は在園児の保育に支障が出かねないため、原則として採用すべきではありません。施設に余裕がない場合は一般型（合同実施）になるかもしれませんが、第３章で見たように保育所等になれない子どもが一時的に過ごすことができるコーナーなどの空間を用意すべきです。地域型保育事業の場合、専用室を確保するのが難しいと思いますが、在園児との合同保育が難しい子どもについては、空間的な配慮ができるようにしておくべきです。

このような内容を議論しつつ、ニーズ量に見合った定員が確保できるかどうかを事業者とともに検討しなければなりません。対象となる事業者に受け入れ可能人数を問い合わせ、それをもとに提供体制を整える必要があります。ニーズが満たされる場合は、事業者の意向を尊重しつつ、保護者が選択できるようにすべきです。一方、供給量が不足する場合は、供給量を増やす対策を検討しなければなりません。ただし、待機児童がいるような地域では、その解消を優先させるべきですし、事業者や保育士に負担を強いるような対策はやめるべきです。第１章で見たように、２０２７年度までは10時間を下回る時間設定でも可能なので、無理は避けるべきです。無理をすると、重大な事故などにつながりかねません。

また、市町村を超えた広域利用については限定的な対応とすべきです。住んでいる地域での子育て環境改善の一環としてこども誰でも通園制度を位置づけるべきです。そのため、里帰り出産などを除き、市町村内の家庭を優先にしたらいいでしょう。

一時預かり事業との整理

こども誰でも通園制度を実施する場合、一時預かり事業との整理が必要です。保育所等の中で一時預かり事業とこども誰でも通園制度を別々に展開するのは非効率です。一時預かり事業を実施している保育所等では、両者を一体的に運営すべきで、市町村はそれが可能な制度設計をすべきです。保育者は両方の子どもを担当できるようにすべきです。ただし大前提として、一体的に運営しても保育環境が悪化しないような基準を定め、それにふさわしい経費を保障しなければなりません。

週3日程度利用する子どもは一時預かり事業を利用し、リフレッシュで利用する子どもはこども誰でも通園制度を利用するのがいいでしょう。ただし、供給量に制限がある場合は、就労等による一時預かり利用、障害があるなど配慮の必要な子どもの利用を優先すべきです。一方、供給量に余裕があり、事業者が受け入れ可能な場合は、10時間を超えた利用も可能にすべきです。

保護者が負担する利用料金は、一時預かり事業と子ども誰でも通園制度で差が出ないようにすべきです。10時間を超えてこども誰でも通園制度を利用する場合は、国の補助が出ないため、10時間以降は一時預かり事業で受け入れるのか、保護者の負担額をいくらに設定するのかなども考える必要があります。

基準の策定と条例の制定

こども誰でも通園制度の基準は一時預かり事業の基準と同じです。すでに書きましたが、通常の保育よりも一時預かり事業、こども誰でも通園制度は保育者の負担が重くなります。そのため、市町村の判断で国が示している基準よりも引き上げるべきです。特に重要なのは保育者の配置です。第2章、第3章で見ましたが、一時預かり事業、試行的事業では、5人ぐらいまでの子どもを2人の保育者で担当する場合が多いようでした。10人近くの子どもを預かっている保育所もありましたが、その場合、保育者を4名体制にしていました。

そのような点から考えると、0歳児1人、1、2歳児は4人、合計5人の子どもに対して保育者2人体制という基準が妥当だと思います。各々を倍にして10名の子どもを預かる場合、保育者は4名体制、その間は3名体制にすべきでしょう。

保育者を2名配置する場合、1名は保育士にすべきです。この場合、制度上、雇用形態は問われません。しかし、実際に一時預かり事業を展開している事業者の話を聞くと、非正規2名では困難で、1名は正規にしたいという意見でした。それは受け入れる子どもの調整、保護者との関係構築等が大変で、非正規では難しいという判断でした。そのような点を踏まえると、預かる子どもが6名以上の場合、正規の保育士を1名以上にするような基準を設け、市町村が財政的に保障すべきです。もちろん財政的に可能であれば、預かる子どもの数に関係なく、正規保育士を1名確保すべきです。

障害のある子どもについては加配すべきですが、医療的ケア児を受け入れる場合は看護師の配置も検討すべきです。

これらの基準については第1章で述べたように、条例として定めなければなりません。国の定めた基準を上回る基準を条例で定めることが可能なため、地域の状況に応じて適切な基準を定めるべきです。また、行政の内部で拙速に決めるのではなく、先の検討会で議論すべきです。

特別な支援が必要な子ども、家庭への対応

こども誰でも通園制度はすべての子どもを対象としています。障害のある子ども、医療的ケアの必要な子ども、外国籍の子どもなど、すべての子どもが利用できるようにしなければなりません。「そのため、こどもの発達過程や障害の状態、保護者の状況を適切に把握し、障害のあるこどもも障害のないこどもも本制度を利用できるように提供体制を整備していく必要」があるとしています。具体的には障害のある子どもの受け入れ方針の作成、事業者の確保、保護者や事業者に対する支援、研修の実施、緊急時対応の整備、関係機関との連携構築などです。医療的ケア児についても、同じような対応が求められています。

また、こども誰でも通園制度を通じて、要支援家庭を早期に把握し、適切なサポートにつなげることも期待されています。具体的には以下のように書かれています。「こども誰でも通園制度では、認定の申請をする人としない人や、認定を受けた上でどの程度利用しているかを自治体が把

握することができます。自治体は、こうした情報を活用して、支援が必要な児童等の把握につなげ、関係機関とも連携し、要支援児童等への対応を充実させていくことが期待されます」。このようなことをするためには、市町村は定期的に市民の利用状況をチェックし、あまり利用していない家庭、頻繁に事業者を変える家庭などがあれば訪問するなどして状況を把握し、必要に応じて関係機関に連絡しなければなりません。さらに「保護者が主体的に手続を行うことに困難さがあるなど、こどもが制度を利用する機会を逸する恐れがある場合」、市町村は「代理予約」を行うべきとしています。

そして、「要支援家庭のほか、障害のあるこどもなど特別な支援ニーズがある場合の優先利用」も検討し、あらかじめ「施設の空き枠を事業者と調整しシステム外で確保」しておくなど、「自治体が地域の実情に応じてシステムを活用する」ことが望まれています。当然ですが、事業者に空き枠を確保してもらう場合、財政措置が必要です。国の予算措置がどうなるかはわかりませんが、国の措置がない場合は、市町村で予算化が必要です。

さらに、「こども誰でも通園制度は、「通園」を基本とする制度ですが、保育所等で過ごすことや、外出することが難しい状態にあるこどもに対応するために、当該こどもの居宅へ保育者を派遣すること」も可能としています。このようなニーズがある場合、市町村は対応を考える必要があります。

担当者の配置と他との連携

こども誰でも通園制度を実際に進める市町村には、膨大な業務が発生します。片手間でできるような業務ではないため、よほど小さな市町村でない限り、専任の職員を配置する必要があります。

業務としては、２０２５年度中に、ニーズ調査を行い、事業計画を立案し、条例を制定しなければなりません。

事業者との関係では、２０２５年度中に、事業者を募り、応募してきた事業者が条例で定めた基準に合致しているかどうかの審査を行い、合致している場合は審議会等の議を経て、認可する必要があります。必要な定員が確保できればいいですが、そうでない場合は定員確保の方策を考えなければなりません。また、「通常の保育や一時預かり事業とは異なる専門性が求められる」ため、本格実施に向けて研修を行う必要があるとしています。誰が研修を行うかまでは国は明記していませんが、こども誰でも通園制度の実施主体は市町村なので、市町村が行うことになると思われます。

保護者との関係では、２０２５年度中に、こども誰でも通園制度が２０２６年４月からスタートすることを周知しなければなりません。そして利用申請があると、利用資格があることを確認し、利用認定を行わなければなりません。

２０２５年度、市町村には膨大な業務が発生しますが、これらの業務について、国からの予算措置がなされるのかどうか不明です。２０２５年度にこども誰でも通園制度を実施する市町村に対しては、先に見たように、少ないとはいえ「指導監督員の雇上げに必要な経費」が付きます。しかし、２０２６年度の本格実施に向け、２０２５年度に今述べたような準備が必要ですが、今のところその経費について国がどのように補助するかは不明です。

ただし２０２５年度で終わりではなく、２０２６年度以降はさらに複雑な業務が発生します。事業者から支払いの請求書が届きますが、それを確認したうえで、支払い手続きをしなければなりません。また事業者に対して監査を行ない、必要に応じて、勧告、改善命令、制限または停止命令を出さなければなりません。もちろん、追加でこども誰でも通園制度に参入を希望する事業者がいれば審査、認可の手続きが発生します。保護者との関係でも２０２５年度と同じことが毎年発生します。

そのような定型的な業務に加え、先に書きましたが、特別な支援が必要な子ども、家庭への対応が求められます。また、保護者に対する助言、必要に応じてあっせん等も行わなければなりません。これは定型的な業務ではないため、かなり高度な専門性が求められます。このような業務を進めるため、子育て支援等に熟知した職員を複数名配置し、関係部局、関係機関と連携を取りながら業務を進めなければなりません。

3　事業者はどう対応すべきか

無理に対応しない

２０２６年度からこども誰でも通園制度が本格実施になります。保育所等を利用していない０歳～２歳児を育てている家庭で、育児不安が増大しているのは事実ですし、一時預かり事業を展開している保育所等はその状況を把握されていると思います。そして、きちんとした保育を展開している保育所ほど、そのような家庭、子どもに向き合いたいと考えているはずです。しかし、２章で見たように、試行的事業に取り組んだ保育所からは様々な声が上がっています。特に深刻なのは、こども誰でも通園制度で採算が取れるのか、適切な保育を実施できるのか、保育者を確保できるのかという懸念でした。本格実施に向けて国は具体的な内容等を検討していますが、先に書いたように、その懸念は解決されていません。

こども誰でも通園制度は２０２６年4月からすべての市町村で実施されます。しかし全国、すべての保育所等がこども誰でも通園制度を実施しなければならない、というものではありません。実施するかどうかは事業所の判断で決められます。

義務感、もしくは社会的意義で、こども誰でも通園制度に手を挙げることはやめるべきです。少なくとも、市町村から示された経費で採算が取れるのか、その条件で適切な保育が提供できるのか、保育士を確保できるのか、通常保育や一時預かりに支障が出ないか、保育士に負担が発生しないかなど、様々な視点から考えた上で判断すべきです。無理して実施したため、重大な事故が発生すると取り返しがつきません。冷静な判断が必要です。

もし市町村から実施を半ば強制された場合、たとえば一時預かり事業を継続したければこども誰でも通園制度も実施せよ等と言われた場合は、明らかに不当です。議員を通じて市議会で議論するように依頼したり、こども家庭庁に相談したらいいと思います。

市町村に対する働きかけと事業所内での検討会設置

先に書いたように、早い段階で、市町村に対して事業者も含めた検討会を設置するように働きかけ、設置された場合は積極的にかかわるべきです。市町村がどのような基準を定めるのかによって、事業所で実施する保育に大きな影響が出ます。こども誰でも通園制度の大枠は国が決めますが、具体的な基準は市町村が条例で定めます。事業者に支払われる経費の額も国の補助額は決まっていますが、市町村がそれに上乗せして支給することも可能です。様々な方法、ルートで市町村に働きかけ、こども誰でも通園制度を可能な範囲で改善すべきです。

また、一事業所だけで考えるのではなく、市町村内の他の事業所などと相談できる条件があれば、相談したらいいでしょう。

実際、事業所で取り組む場合、体制や保育内容については、保育士とも議論する必要があり、事業所内に保育士も含めた検討会を設置すべきです。

実施方法等の検討

こども誰でも通園制度を実施する場合、定員、年齢、実施方法などを考えなければなりません。多くの保育所等では一時預かり事業を実施していると思います。その場合はまず、一時預かり事業との関係を整理すべきです。市町村の方針を踏まえつつ、先に書いたように一時預かり事業と一体での実施を検討すべきです。就労等で利用を希望する保護者は一時預かりを利用してもらい、リフレッシュでの利用を希望する保護者はこども誰でも通園制度を利用するようにしたらいいでしょう。もちろん固定せず、状況に応じて柔軟に対応したらいいと思います。そのためには、柔軟な対応で問題ないように市町村に申し入れておくべきです。

定員については、市町村が示す基準を踏まえ、無理のない範囲で設定すべきです。今まで実施してきた一時預かり事業の定員などを念頭に置いて決めたらいいでしょう。預かる子どもの年齢は、0歳から2歳を基本にしたらいいですが、保育者が確保できないなどの場合は無理せず、1歳児以上でもいいと思います。

利用方式ですが、自由利用は先に書いたようにリスクが大きいため避けるべきです。市町村が定期利用に限定すると決めればいいですが、そうでない場合は、事業者で定期利用限定にしたらいいでしょう。

実施方法は先に書いたように、一般型（専用室）を基本に考えるべきです。ただし、専用室の確保が難しい場合は、一般型（合同実施）になりますが、在園児に負担がかからない工夫が必要です。

保育時間、内容の検討

実施時間は、体制などを考えますと、先に書いた午前、午後の2回設定がいいと思います。ただ、一時預かり事業との一体的な運営、子どもの生活という点を重視するのであれば、1日2回の受け入れであっても、開始時間、終了時間を少しずらして、午前か午後のどちらかを昼食付にすることも考えられます。

また、一時預かり事業により近づけるのであれば、10時～15時までの5時間を受け入れ時間とし、月2回の受け入れも考えられます。10時間を超えた受け入れが可能な場合は、毎週受け入れてもいいでしょう。10時間を超えた分、一時預かり事業で受け入れが可能な場合は、同じように毎週受け入れてもいいと思います。

一時預かり事業＋こども誰でも通園制度の利用者が数名以上の場合は、その子どもたちを集団とした保育を検討したらいいと思います。数名以内の場合は、その子どもたちだけで保育する時間を設けつつ、在園児との合同保育も組み入れたらいいでしょう。ただし、前者の場合でも、一時預かり事業、こども誰でも通園制度を使っている子どもが保育所等に慣れている場合、在園児に負担がかからない場合は、合同での保育を考えたらいいと思います。

職員体制について

いい保育を提供できるかどうかだけでなく、経費的に成立するかどうか、保育者を確保できるかどうかも検討し、冷静に職員体制を考えるべきです。第2章、第3章で見ましたが、一時預かり事業、試行的事業では、同時に数名までの受け入れ、2名の保育者で担当が多かったと思います。そのような職員配置ができるような経費を保障するように、市町村に要望する必要があります。

市町村が示す基準、支給する経費の下で、適切な体制が組めるかどうかを判断しなければなりません。無理に引き受ける必要はなく、難しいと判断した場合は、こども誰でも通園制度を引き受けるべきではありません。

また、どのような職員体制にするかは職員の労働条件とも密接に関係するため、事業所内に設置した検討会で十分な議論が必要です。そして、保育者としての職員の成長を保障するという視点から、子どもときちんとしたかかわりができるような職員体制、勤務時間の保障が必要です。

面談、事前の情報収集について

利用する子どもの状況を、事前に保育所等が把握する方法は二つです。一つは、システムで共有する情報です。あらかじめ保護者がシステムに打ち込む情報で、家庭の状況、子どもの状況（アレルギー、既往症、生活リズムなど）、発達状況（食事、遊びなど）です。もう一つは、事前の面談です。こども誰でも通園制度は利用にあたって面談が必須になっています。この事前面談で、システムで共有された情報を確認し、それ以外に必要な状況を把握すべきです。同時に事業所の保育方針等について保護者に説明しておくべきです。

政府はオンライン面談も可能としていますが、これは自由利用を主に想定したものと考えられます。「画面でこどもの様子」を確認すればよいという感じですが、それで確認できる情報は限定されます。オンライン保育ならともかく、実際に子どもを預かるため、対面での面談を必須にすべきです。ただ、第1章でも書いたように、事業所に対して面談の経費は保障されません。国に対して改善を求めつつ、当分は市町村の予算で保障するように働きかけるべきです。

また、親子通園も可能です。特に保育所等になれない子どもについては親子通園を取り入れたらいいでしょう。政府は「親子通園を利用の条件とすることは適当ではありません」としていますが、保育所等が適切な保育を提供するためには親子通園が必要と判断した場合は、遠慮せずその旨を保護者にきちんと伝えるべきです。

子どもの受け入れについて

第2章、第3章で見た一時預かり事業、試行的事業の双方とも、子どもの受け入れについては慎重に決めていました。定員内であっても、0歳児の子どもは1名にする、保育所に慣れていない子どもも1名にする、配慮の必要な子どもがいる場合はその子どもが慣れている保育者をつけるなどです。政府が用意するシステムではこのような対応はできません。定員の範囲内で申し込み順に機械的に受け付ければいいとはなりません。どの子どもをいつ受け入れるかは、その子どもに適切に対応できるかというだけでなく、他の子どもに対する保育にも影響します。

どのように受け入れる子どもを決めるかは非常に重要なことであり、一時預かり事業などの経験が豊富な保育士を確保しておく必要があります。

保育計画、記録の作成

こども誰でも通園制度では「こどもの育ちに関する長期的見通しをもった全体的な計画及び一人ひとりのこどもの実態に応じた指導計画を作成することが求められます」。子どもの発達、保育者の成長を考えますとこのような計画は重要です。保育者がこのような計画作成の時間が確保できるような勤務体制を整えなければなりません。

このような計画は、定期利用を前提にしなければ作成できません。政府は、自由利用のような場合でも「柔軟かつ効果的な計画とすることが期待されます」としていますが、この文章は意味不明です。このような点から考えても自由利用は望ましくありません。

保育終了後、記録を作成しなければなりません。実施内容、子どもの育ちなどを記録し、次回以降に生かします。同時に、別の事業所がその子どもを預かる際、参考にします。そのため記録の作成時間も勤務時間内でできるような勤務体制が必要です。

配慮の必要な子どもの受け入れについて

障害児、医療的ケア児等もこども誰でも通園制度を利用できます。保育所等もこのような子どもを最初から排除すべきではありません。このような子どもを受け入れる場合は、経費が上乗せされますが、それで実際に適切に受け入れることが可能かどうか、担当する保育者を確保できるかどうかをきちんと判断する必要があります。

保育所と地域のつながりを深める

事業者にとって、こども誰でも通園制度の意義として政府は「地域全体のこどもの育ちの環境を向上させることの一翼を担うことで、事業者として新たな役割や可能性を見出すことにつながること」と説明しています。すでに同じような視点で一時預かり事業に取り組んでいる保育所が少なくありません。こども誰でも通園制度は３号認定に該当しない０歳～２歳の子どもを対象にします。その中には子育て困難に直面している家庭があります。保育の社会的役割を広くとらえ、保育所が地域に根差す可能性としてこども誰でも通園制度をとらえるべきです。

4　労働組合はどう対応すべきか

労働組合として積極的に議論すべき

こども誰でも通園制度は新たな給付制度であり、全国の市町村で一斉に実施する大きな取り組みです。市町村や経営陣に任せるのではなく、労働組合として積極的に議論に参加すべきです。経営陣がこども誰でも通園制度を手掛けようとしている場合は、できるだけ早く、事業所内に労働組合、もしくは働くものの代表を含めた事業所内検討会を設置するように申し入れましょう。

また、市町村、都道府県単位などで労働組合の連携が取れている場合は、情報交換などを兼ねて、学習会などを開催したらいいと思います。また市町村に対しても、先に述べた検討会の設置を働きかけ、労働組合としての参加を認めるよう要請すべきです。

労働条件の悪化につながらないか

労働組合としてまず検討しなければならないことは、勤務している保育所等がこども誰でも通園制度を展開する際、労働者の勤務条件が悪化しないかどうかです。経営陣が無理をして事業を実施した場合、そのしわ寄せが労働者に及びかねません。たとえば、余裕活用型の場合、既存の空き定員を利用してこども誰でも通園制度の子どもを受け入れるため、保育者の新たな配置はありません。もちろん定員内での受け入れですが、こども誰でも通園制度で預かる子どもは週1回以下の利用で、保育所などに慣れていない子どももがいます。そのような場合、保育士に過度の負担がかかりかねません。基本的に余裕活用型は実施しないように経営陣に申し入れておく必要があります。

また、こども誰でも通園制度担当の保育士になった場合、利用する子どもの入れ替わり頻度が一時預かり事業よりも高いため、かなりの負担になると思います。すでに書きましたが、一時預かり事業やこども誰でも通園制度の場合、同時に預かる子どもは数名程度、それを２人の保育者が担当していました。定員が増えると、保育者の負担が大きくなります。適切な職員配置になっているかを確認すべきです。

子どもに対して適切な保育を提供できるか

労働組合は労働条件だけを議論するのではなく、子どもに適切な保育が提供できるかも考えるべきです。こども誰でも通園制度の職員体制、保育計画などが、子どもに適切な保育を提供する内容になっているかどうか、こども誰でも通園制度によって在園児の保育にしわ寄せがでないかどうかなどを、働く者の視点でチェックすべきです。

自らの成長につながる取り組みになっているかどうか

保育所は子どもの発達、親の就労と成長を保障する場ですが、同時にそれらが保育士としての成長につながるようにしなければなりません。こども誰でも通園制度は、２号認定、３号認定とは異なる子ども、家庭を対象にします。そのようなかかわりが保育士としての専門性を高め、保育士としての成長につながるようにすべきです。

そのためには、こども誰でも通園制度の実施にあたって、事業所内で民主的な議論が保障されていること、保育にあたって保育士の自主性が尊重されていること、ゆとりをもって子どもや保護者に接することができる労働条件になっていることなどが必要です。

注

1　こども家庭庁「令和5年教育・保育施設等における事故報告集計」2024年8月

2　デジタル行財政改革会議「デジタル行財政改革取りまとめ2024」2024年6月

3　デジタル行財政改革会議「子ども政策・少子化対策・若者活躍・男女共同参画担当大臣提出資料」（第7回）提出資料、2024年6月

参考文献（特に断りがない限り、文章の引用は以下の文献によります）

・「こども誰でも通園制度の制度化、本格実施に向けた検討会における取りまとめ（案）」こども誰でも通園制度の制度化、本格実施に向けた検討会（第4回）提出資料、2024年12月

・「こども誰でも通園制度の実施に関する手引（素案）」こども誰でも通園制度の制度化、本格実施に向けた検討会（第4回）提出資料、2024年12月

あとがき

こども誰でも通園制度は、２０２６年４月から全国で一斉にスタートしますが、このままですと事業者の確保が難しく、お金だけ取られて利用できないという保護者の不満が市町村に集中しそうです。それを避けるため、事業者確保を優先すると、適切な保育を提供できないような事業者の参入が進み、非常に危険な気がします。無理は禁物です。２０２７年度までは10時間の利用を保障しなくてもいいため、あわてず、保育の質が保障できるような仕組みづくりを優先すべきです。

さて、21世紀の最初、保育所の利用者が急増し、待機児童の解消が大きな政策課題でした。本来であれば保育の質を保ちながら、受け皿の拡大を図るべきでしたが、政府がとったのは「質を犠牲にした量の拡大」でした。保育士資格がなくても保育に従事できる仕組みを導入し、園庭がない場合は公園で代用してもかまわない等が進みました。基準を引き下げることで量を確保するという、おおよそ先進国とは思えない前代未聞の政策が展開されました。これからは保育所の利用者が減少に向かうため、引き下げた基準を適正な基準に戻すべきです。

また、受け皿の拡大は進みましたがまさに粗製濫造という政策でした。様々な受け皿ができたため、保育は複雑怪奇な制度になっています。２０１５年度から始まった地域型保育事業は、Ａ

型、B型、C型に分かれていますが、地域型保育事業を利用している当事者でもその違いがあまりわかっていないと思います。2016年度には、通常の保育所などとは別に企業主導型保育事業も始まっています。様々な事業をスタートさせたため、保育制度はパッチワークのような状況になっていますが、このような状況をどう改善し、市民に分かりやすい制度にするかも課題です。

同時に、量的な不足を理由に長年放置され、国際的に見ても劣る職員の配置基準をどう改善するのか、保育士不足の中で注目されている保育士の処遇改善をどう進めるのか、これらにも取り組む必要があります。

一方、21世紀に入り、公的責任の後退が進みました。児童福祉法第24条第2項が設けられ、保育を実施するという市町村の義務が曖昧にされました。保育所は第1項に位置付けられていますが、同じように子どもを保育する認定こども園、地域型保育事業は直接契約である第2項に位置付けられています。公立保育所の民営化、民間委託も各地で進んでいます。直接契約など個人責任重視、公的責任後退を今後も進めていいのかどうかが問われています。

子育て支援、保育等を充実させるためには財源が必要です。2012年の三党合意では、それらを改善する際、消費税率の値上げで必要な財源を確保するとしました。その結果、2019年10月から消費税を8％から10％に引き上げ、その一部を使って保育料の無償化を進めました。今回は消費税を値上げするのが困難なため、支援金制度を新たに作り、こども誰でも通園制度等の財源を確保しました。いずれにせよ、国民から広く集める仕組みですが、このよう方法による財源確保でいいのかどうかを考える必要があります。そうしなければ今後、こども誰でも通園制度を充実させようとすると、国民から集める支援金の金額を引き上げなければなりません。

こども家庭庁は２０２４年12月に「保育政策の新たな方向性」を発表しました。これは保育を利用する子どもが減りだし、定員充足率の低下を受け、今までは量的な拡大を進めてきたが、これからは質の向上を目指す。また、保育の必要な子どもだけでなく全ての子どもを対象にする、そのように保育政策を大きく変えるという内容です。２０１５年から子ども子育て支援新制度が始まりましたが、先に書いたように保育は複雑怪奇、パッチワークのような状況になっています。保育を巡る状況が大きく変わっているのはその通りですが、２０２６年度から一時預かり事業との棲み分けをはっきりさせないまま、こども誰でも通園制度を始めます。その場しのぎのような対策を繰り返すのではなく、状況の大きな変化を踏まえて、子育て支援、保育を全体としてどのようにしていくのかというという抜本的、全体的な議論を行う時期だと思います。

お忙しいなか、調査にご協力いただいた保育所、市役所の方々にお礼申し上げます。本書の編集は、自治体研究社の深田悦子さんがご担当してくださいました。最後にお礼申し上げます。

編著者

中山　　徹（奈良女子大学名誉教授、自治体問題研究所理事長）
　　　　　　　　はしがき、第４章、あとがき

著　者

菅野　園子（弁護士）　第１章
奥野　隆一（大阪保育研究所）　第２章
芳村　慶子（大阪保育研究所）　第２章、第３章
北谷　綾乃（大阪保育研究所）　第２章
鬼追亜紀子（大阪保育研究所）　第２章
松本　歩子（京都教育大学）　第３章
巻　　陽湖（大阪保育研究所）　第３章

連絡先：大阪保育研究所
大阪市中央区谷町７丁目２－２－202、大阪保育運動センター内
TEL 06-6763-4381、FAX 06-6763-3593

こども誰でも通園制度にどう対応するか

2025 年 4 月 10 日　初版第 1 刷発行

編　者　中山　徹・大阪保育研究所
発行者　長平　弘
発行所　㈱自治体研究社
〒162-8512 東京都新宿区矢来町 123 矢来ビル４F
TEL：03·3235·5941／FAX：03·3235·5933
http://www.jichiken.jp/
E-Mail：info@jichiken.jp

ISBN978-4-86826-002-8 C0036

DTP：赤塚　修
デザイン：アルファ・デザイン
印刷・製本：モリモト印刷㈱